생활 속 마라톤 백배 즐기기

생활 속 마라톤 백배 즐기기

펴 낸 날 2021년 12월 07일

지 은 이 양원희
펴 낸 이 이기성
편집팀장 이윤숙
기획편집 서해주, 윤가영, 이지희
표지디자인 서해주
책임마케팅 강보현, 김성욱
펴 낸 곳 도서출판 생각나눔
출판등록 제 2018-000288호
주 소 서울 잔다리로7안길 22, 태성빌딩 3층
전 화 02-325-5100
팩 스 02-325-5101
홈페이지 www.생각나눔.kr
이 메 일 bookmain@think-book.com

- 책값은 표지 뒷면에 표기되어 있습니다.
  ISBN 979-11-7048-329-8 (03690)

Copyright ⓒ 2021 by 양원희 All rights reserved.
· 이 책은 저작권법에 따라 보호받는 저작물이므로 무단전재와 복제를 금지합니다.
· 잘못된 책은 구입하신 곳에서 바꾸어 드립니다.

왕초보의 풀코스 100회 완주 총결산

생활 속 마라톤 백배 즐기기

양원희 지음

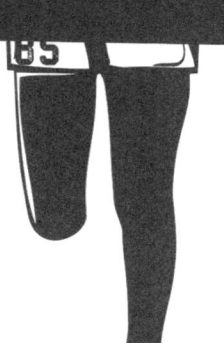

|프롤로그

왜 이런 글을 쓸까요?

'풀코스 100회 완주 목표'를 이루는 데 19년 3개월의 정말 오랜 시간이 걸렸습니다. 2001년 최악의 건강 상태에서 찾아낸 게 달리기입니다. 2002년 7월, 동해시청 마라톤클럽의 창립을 주도하면서 '단 한 번만이라도 풀코스를 뛰어보자.'라는 막연한 꿈을 가졌습니다. 2003년 9월, 마침내 첫 번째 도전하여 이뤘습니다. 걸음마 단계인 걷기부터 시작하여 1년 2개월 만이었습니다. 그 매력에 푹 빠졌고, 중독되어 갔습니다. 건강은 점점 나아졌고, 정신도 긍정적이고 발전적으로 변화하고 있음을 스스로 느꼈습니다. 달리기가, 마라톤이 가져다준 엄청난 축복이었습니다.

새로운 도전이 필요해졌습니다. 처음에는 10번으로 생각하였으나 오랜 고민과 갈등 끝에 나로서는 불가능해보이는 100회로 결정했습니다. 가족과 친구, 회원과 동료 등에게 기회가 될 때마다 알렸습니다. 제 약속을 이루기 위한 관심을 이끌어내고, 관찰과 비판을 받으면서 목표 달성에 대한 의지를 굳게 지켜나가고자 함이었습니다. 과연 가능하다고 믿었을까요?

여기까지 오는 데 오랜 시간이 걸린 사연은 참 많습니다. 어설픈 실력으로 2일 연속 뛰다 엉덩이뼈를 다쳐 998일 만에 도전, 허리 인대가 끊어진 상태에서 복대(腹帶)하고 뛰기, 코로나19로 530일 만의 대회 참가, 팔이 부러지고 갈비뼈에 금이 가며 발뒤꿈치 부상 등으로 오랜 기간 치료를 받을 때는 그 끈을 더 강하게 붙들었습니다.

저는 30년 이상 일기 쓰기가 생활화되었습니다. 저녁밥을 굶을지언정 일기는 하루도 빠트리지 않고 기록합니다. 덕분에 이런 글도 쓰고, 책도 만들어낼 수 있다고 생각합니다. 달리기를 시작한 이후 지금까지 대회에 참가하거나 연습으로 걷고, 달리고, 실내 바이크를 탄 거리가 5만km는 충분히 넘었을 것입니다. 부상을 입거나 코로나19로 대회에 참가하지 못할 때에도 나름대로 꾸준히 해왔습니다. 2020년 277일 1,511km, 2019년 272일 2,803km, 2016년 317일 3,350km, 2015년에는 293일 2,334km라고 기록이 되어있습니다.

전국의 여러 도시에서 열리는 대회를 밤낮없이 찾아다녔고, 보스턴과 중국은 물론, 일본에도 다녀왔습니다. 처음에는 오로지 뛰는 데 전념하다 여행으로 폭을 넓혔으며, 완주 소감글을 쓰기에까지 이르렀습니다. 동해시민은 물론, 강원도를 벗어나 대한민국, 더 나아가서는 세계인들과 105리를 함께 달리면서 거칠게 호흡하고, 비지땀 흘리면서 가슴 벅찬 감동을 주고받기도 하였습니다. 참가 선수와 가족, 숙박·교통·음식·여행·관광시설 종사자 등 수많은 사람을 만났습니다. 새로운 것을 보고, 듣고, 느끼고, 배웠으며 먹고, 마시고, 즐기면서 소중한 경험을 쌓았습니다. 이러한 것들은 제 생각과 사회생활에 큰 도움이 되었으며, 삶의 일터인 행정기관과 공직생활을 하는 데도 반영할 수 있었습니다.

이 책에는 마라톤에 관한 기초적인 상식, 참가한 100개 대회(중복 있음)의 간단한 소개와 결산, 19년간 뛰면서 개인적으로 느낀 것들을 정리한 것입니다. 다른 분들의 생각과 전혀 다를 수 있음을 양해하여주시기 바랍니다. 저는 전문 육상인이 아닙니다. 아직도 생무지(초보자)입니다.

　2020년 초에 발생한 코로나19의 꾸준한 확산, 갈수록 심각해지는 기후변화의 시대를 맞아 건강의 중요성이 보다 더 크게 강조되고 있습니다. 몸과 마음의 건강 정말 중요합니다. 이에 맞는 운동 하루빨리 찾아 푹 빠져보시기 바랍니다. 즐기시기 바랍니다. 자기만의 경험을 기록하는 것은 또 다른 재미입니다. 나만의 경험을 남과 공유하면서 더 좋은 영향을 미칠 수도 있습니다.

　보잘것없는 책을 계속 발간하여 주신 도서출판 생각나눔의 이기성 대표님과 관계자 여러분, 혹시 읽어주실 독자 여러분께도 깊이 감사드립니다. 늘 건강하고 행복하세요.

2021년 12월 03일

양원희

| 목 차 |

|프롤로그| 왜 이런 글을 쓸까요?   4

Part 1 마라톤 알기

1. 마라톤, 대체 뭘까   17
   - '한국민족문화대백과사전' 인용   17
   - 올림픽경기의 꽃   17
   - 기원과 역사   18
   - 한국의 마라톤 역사와 남자 기록   20
   - 한국의 여자 기록   24

2. 상상과 뒤집어 보기   26
   - 마라톤(걷기, 달리기)을 바라보는
     나만의 짧은 생각   26
   - 운동능력이 뛰어난 선수만 한다   34
   - 풀코스만 있다   34
   - 70세 이상의 고령자는 불가능하다   36
   - 남자가 여자보다 더 잘 뛴다   37
   - 장애가 있으면 하지 못한다   38

3. 어떤 사람들이 왜 뛸까　　　　41
　- 죽음의 공포 앞에서 달리기 시작　　41
　- 과연 어떤 사람들이 뛸까　　　　43
　- 그럼, 왜 뛰는 것일까　　　　43

4. 어떤 효과가 있을까　　　　45
　- 운동을 하는 이유　　　　45
　- 뛰는 효과는　　　　45
　- 내가 경험한 특별한 효과　　　　47

5. 비교적 싼 마라톤 용품　　　　49
　- 신발　　　　49
　- 양말　　　　50
　- 옷(유니폼)　　　　51
　- 마라톤(손목) 시계　　　　52
　- 배낭(가방)　　　　53
　- 기타 용품　　　　54

6. 건강을 되찾고 유지　　　　　　　　57
　　- 건강의 기준　　　　　　　　　57
　　- 최악의 건강상태를 극복하기 위해 선택　61
　　- 마라톤을 시작한 뒤 건강 등의 변화　63
　　- 건강을 되찾고 지키는 사람　　　68

7. 술과 담배, 마라톤과 건강　　　　　76
　　- 술은 무엇인가　　　　　　　　76
　　- 담배는 또 무엇　　　　　　　　79
　　- 술과 담배를 하는 이유　　　　　83
　　- 담배와의 만남, 9년 만에 끊기 성공　87
　　- 술을 극복하고 건강 되찾기　　　90

Part 2 나만의 풀코스 뛰기

8. 복장 갖추기　　　　　　　　　　99
　　- 복장의 중요성　　　　　　　　99
　　- 평범하고 편한 복장을 좋아해　　100
　　- 행사를 빛내고 즐거움을
　　　주는 튀는 복장　　　　　　　　100

9. 연습하기   102
    – 기본 연습은 생활 속의 걷기   102
    – 늘 부족한 연습, 다양한 방법으로 채워   103
    – 서울과 대전 생활 그리고 복귀,
       여건에 맞는 연습 찾아   104

10. 대회 참가하기   106
    – 대회 고르기   106
    – 개최 지역 이동하기   108
    – 지역 관광하기   109
    – 참가 전날의 숙소와 잠자기   112
    – 참가 전날까지의 식사   114
    – 참가 전 아침 식사   116
    – 대회장 찾아가기   117
    – 대회장 구경하기   118
    – 복장 갖추기   120
    – 출발 전 몸풀기   122
    – 출발하는 위치 잡기와 출발   123
    – 풀코스 뛰기   125
    – 주로에서의 급수와 물 마시기   127

- 주로에서의 간식　　　　　　　　128
- 주로에서의 휴식　　　　　　　　129
- 주로에서의 대소변　　　　　　　130
- 주로에서 즐기고 시간 보내기　　132
- 부상 예방과 포기하기　　　　　　134

11. 뛰고 난 뒤 해야 할 일들　　　　　137
- 기념품과 간식　　　　　　　　　137
- 몸풀기(쿨링다운)　　　　　　　　139
- 식사와 축하주 마시기　　　　　　140
- 목욕하기　　　　　　　　　　　143
- 귀가하기　　　　　　　　　　　145

12. 참가한 대회의 여운 남기기　　　　148
- 여운은 왜 남겨야 할까　　　　　　148
- 단지 뛰는 것만으로는 아쉽다　　　149

13. 마라톤과 자아실현　　　　　　　　151
- 자아실현은 뭘까　　　　　　　　151
- 19년 3월 만에 풀코스 100회 완주　152

- 자아실현과 관련된 의미 있는 낱말   153

Part 3 100번째 풀코스 완주기

- 100회 완주를 위해
  이 대회에 8번째 참가 결정   164
- 서울시청 주변 구경 및 숙박   165
- 대회장 이동 및 참가   167
- 허리와 발목 부상이 오히려
  무사 완주를 도와줘   168
- 달리기 시작 19년 3월,
  풀코스 첫 완주 18년 만에
  100회 완주꿈 이뤄   172

Part 4 참가한 마라톤대회 소개

- 70개 마라톤 대회 개요   176

|에필로그| 풀코스 100회 완주기록   214

Part 1

마라톤 알기

1. 마라톤, 대체 뭘까

✒ '한국민족문화대백과사전' 인용

'네이버 한국민족문화대백과사전'의 내용을 간략히 인용한다. 마라톤에 관한 나만의 독특한 경험을 주제로 책을 만들지만, 마라톤이 무엇인지에 대하여 아무런 설명도 없이 넘어갈 수는 없다. 어떤 내용으로 쓸까 많이 생각하였는데, 마라톤의 근본에 대한 특별한 생각과 이론을 다루는 것이 아닌 상황에서 짧고 쉽게 이해하는데 충분할 정도로 잘 정리되었기 때문이다.

✒ 올림픽경기의 꽃

육상경기의 한 종목인 장거리 도로경기를 말한다. 42.195㎞의 장거리를 달리는 경기로 우수한 심폐기능과 강인한 각근력이 필요하며, 체온의 상승 및 심리적 피로 등에 적절히 대처할 수 있는 능력이 고도로 요구된다. 따라서 지구력과 더불어 페이스의 배분, 피치주법의 터득이 경기 성공의 관건이 된다.

이러한 마라톤경주는 근대 올림픽의 창설과 함께 시작되어 지금은 올림픽대회 가운데 최고의 인기종목으로 '올림픽경기의 꽃'이라 불린다. 마라톤경주는 교통량·경사로·노면 상태 등 여러 가지 여건을 고려하여 공인된 경주도로에서 실시되고 출발점과 결승점은 경기장 안에 두는 것이 보통이다.

경주코스는 편도·왕복·순환의 세 가지로 분류된다. 편도코스는 출발점과 결승점이 각각 다른 외길코스이고, 왕복코스는 출발점과 결승점이 같고 반환점을 돌아 같은 길을 왕복하는 코스이며, 순환코스는 출발점과 결승점은 같으나 순환도로를 돌듯이 갈 때와 올 때의 길이 다른 코스를 말한다.

경기를 신청할 때는 경기자가 경주 30일 전 이내에 의사의 건강진단서를 제출하여 경주에 참가해도 지장이 없음을 증명해야 한다. 경주자는 다른 육상경기에서와 마찬가지로 깨끗하고 단정한 복장을 갖추어야 하지만 맨발도 허용되는 유일한 육상경기이다. 모든 경주자는 프로그램에 기재된 번호표를 등과 가슴에 붙인다.

경기 도중의 음식물 섭취는 주최 측이 제공 또는 승인한 것 외에는 이용할 수 없고, 희망하는 음식물은 주최 측의 승인을 얻어 지정된 장소에서 이용할 수 있다. 주최 측이 마련한 공동의 음식물은 제너럴 테이블에서, 경기자가 준비한 음식물은 스페셜 테이블에서 공급받게 되고, 주최 측은 음식물 공급소의 중간 지점에 물만 공급하는 스폰지 포인트를 마련한다.

기원과 역사

마라톤의 기원은 490년 아테네와 페르시아 간의 전투에서 비롯

된다. 아테네 동북쪽에 위치한 마라톤 들판에서 아테네의 밀리티아데스 장군이 페르시아군을 격파하고, 이 승전보를 알리기 위해서 필리피데스가 마라톤 벌판에서 아테네까지 약 40㎞를 쉬지 않고 달려갔다. 필리피데스는 장거리를 종주한 뒤 "우리가 승리했다. 아테네 시민들이여, 기뻐하라."라고 외치고 죽고 말았다.

근대 올림픽 부활 당시 소르본대학의 언어학자 이셀 브레얼 교수가 이러한 고사(故事)를 쿠베르탱 남작에게 말한 데서 마라톤은 올림픽경기 종목으로 채택되었고, 1896년 제1회 근대 올림픽인 아테네 대회 때부터 마라톤경주가 실시되었다.

필리피데스가 달린 거리는 뒷날 실측해보니 36.75㎞였다. 그러나 올림픽 개최지의 형편에 따라 경주거리가 40㎞를 전후로 하여 일정하지 않았기 때문에 1924년 제8회 파리 올림픽대회가 개최되기 전에 거리를 통일하자는 의견이 나왔다. 이에 따라 1908년 제4회 런던 올림픽대회 때의 코스인 42.195㎞를 정식거리로 채택하게 되었다.

이처럼 마라톤경주는 근대 올림픽과 함께 성장, 발전해왔고, 현재는 보스턴·뉴욕·동경·후쿠오카·런던·북경·몬트리올·시드니·서울 등의 국제마라톤대회가 실시되고, 세계육상경기선수권대회 및 아시아경기대회에서도 정식종목으로 채택되었다.

오늘날에는 변형된 방식으로 마라톤경주를 실시하기도 하는데, 경주자의 연령에 따라 경주거리를 단축해서 실시하는 경우나, 거북

이마라톤대회·철인마라톤대회 등이 그것이다.

✏ 한국의 마라톤 역사와 남자 기록

대한민국에서 실시된 마라톤경기의 효시는 1919년 발족된 조선체육협회가 1920년 용산신연병장에서 개최한 경성 일주 마라톤(25㎞)이다. 이 경기에서 최홍석이 2시간 11분 27초로 우승하였다.

이어 같은 해에 경인마라톤대회가 열렸다. 1921년 4월에는 제5회 극동대회 파견을 위한 예선대회로서 조선체육협회가 주최하여 10마일 단축 마라톤경기가 열렸고, 1923년 6월에는 『경성일보사』 주최의 경인역전마라톤대회 등이 계속하여 열리게 됨으로써 대한민국 마라톤은 급속히 발전하게 되었다.

그 뒤 1929년에는 일본 간사이대학 주최 제5회 한성역전마라톤대회에서 양정고등보통학교가 출전하여 일본팀들을 물리치고 우승하였을 뿐 아니라, 3연승을 하기도 하였다. 이러한 양정고등보통학교의 우승은 일제하의 대한국민에게 특별한 의미를 주는 것으로, 우연하게도 일제 통치와 거의 때를 같이하여 도입된 마라톤이 민족의 설움을 달래는 실마리가 되어주었다.

1931년 2월에는 고려육상경기회 주최로 제1회 경성~영등포 간의 왕복마라톤대회가 열려 김은배가 1시간 22분 5초로 우승하였고, 같은 해 10월에는 조선신궁대회에서도 김은배가 2시간 26분 12초로 당시의 세계기록을 깨뜨리면서 우승을 차지하여 우리의 마라톤이 세계적으로 우수하다는 것을 증명하게 되었다.

1932년 제10회 로스앤젤레스올림픽대회에서는 김은배가 2시간 37분 28초로 6위, 권태하가 2시간 42분 52초로 9위에 입상함으로써 일제하의 여러 가지 어려운 조건에서도 마라톤은 계속 발전하여 세계제패의 가능성을 키우고 있었다.

드디어 1936년 제11회 베를린올림픽대회에서 손기정이 2시간 29분 19초 2라는 올림픽대회 신기록으로 우승하였고, 남승룡이 2시간 31분 42초 2로 3위를 하여 한국 마라톤이 세계제패의 꿈을 실현하면서 세계무대에 등장하게 되었다. 손기정의 승리는 한국 민족에게 애국과 단결을 더 한층 불러일으키는 계기가 되었다.

이때 베를린대회 때 손기정의 가슴에서 일장기를 지워버린 사진을 『동아일보』호외와 『조선일보』사설에 게재하여 일본은 신문 폐간과 체육 단체의 해체 등으로 탄압하였다.

광복 후 1945년 9월 23일에는 조선육상연맹이 조직, 발족되었고, 1947년 4월 제51회 보스턴마라톤대회에서 최초로 태극기를 앞세우고 출전한 서윤복이 2시간 25분 39초로 우승하여 세계에 한국 마라톤의 건재함을 재인식시켜주었다.

이어 1950년 제54회 보스턴마라톤대회에서도 함기용이 2시간 32분 39초로 우승하였고, 송길윤이 2위, 최윤칠이 3위를 차지하여 한국 마라톤의 탁월성을 다시 한 번 세계만방에 과시하였다.

1952년 제15회 헬싱키올림픽대회에서는 최윤칠이 2시간 26분

36초로 4위를 하였고, 1956년 제16회 멜버른올림픽대회에서는 이창훈이 2시간 28분 45초로 4위를 하였다. 1958년 5월 제3회 동경아시아경기대회에서는 이창훈이 우승하여 한국의 마라톤은 계속하여 훌륭한 성과를 거두었다. 그러나 그 뒤부터 한국 마라톤은 침체기에 빠져들기 시작했다.

이런 중에도 1982년 제9회 뉴델리아시아경기대회에서 김양곤이 우승하고, 1983년 해밀턴국제마라톤대회에서 이홍열·김종윤이 1·2위를 하는 성과를 거두었다. 그러나 세계기록과는 상당한 차이가 났을 뿐 아니라, 1974년 3월 제45회 동아마라톤대회에서 문홍주가 세운 2시간 16분 15초의 한국 기록에도 못 미치는 부진한 성적이었다.

그러나 마라톤 중흥을 위한 노력에 힘써 1984년 3월 제55회 동아마라톤대회에서 1·2위를 한 이홍열·채홍락이 각각 2시간 14분 59초, 2시간 15분 16초를 기록하면서 마침내 문홍주가 수립한 한국 기록을 돌파하였다. 또한, 1986년 3월 제37회 동아마라톤대회에서는 유재성이 2시간 14분 6초로 다시 한국 신기록을 수립하여 10년간 정체되었던 한국 마라톤에 중흥의 역할을 하였다.

그러나 유재성의 기록은 1985년 포르투갈의 로페스(Carlos Lopez)가 기록한 2시간 7분 12초에 비하면 상당한 차이를 보이고 있어 기록 경신에 많은 노력이 필요한 실정이었다.

1987년 제58회 동아마라톤대회에서 이종희가 2시간 12분 21초로 한국 기록을 세우며 세계기록과의 격차를 줄여나갔다. 이어 김완기가 1990년 동아마라톤대회에서 2시간 11분 44초로, 1991년에는 2시간 11분 2초로 두 번의 한국 최고 기록을 세우며 한국 마라톤의 희망과 용기를 주기 시작하였다.

그 뒤에 황영조가 1992년 벳푸시 오이타 국제마라톤대회에서 2시간 8분 47초로 우승하며 한국 최고 기록을 수립하였다. 황영조는 2시간 10분 이내의 기록 갱신자로 1억 원의 포상금을 받고 세계적인 선수로 각광받기 시작하였다.

1992년 바르셀로나올림픽대회에서 황영조는 2시간 13분 29초로 일본의 모리시다와 치열한 선두 다툼을 하면서 메인 스타디움에 1위로 골인하였다. 한국은 손기정 이후 다시 한 번 올림픽 우승의 영광을 얻게 되며 황영조는 '마라톤 영웅'이라는 호칭도 붙게 되었다.

김재룡은 이 대회에서 2시간 15분 1초로 10위를 하였다. 그리고 김재룡은 1993년 보스턴마라톤대회에서 2시간 9분 43초로 2위를 하여, 1950년 함기용 이래 처음으로 이 대회에서 입상하였다.

1994년 김완기가 2시간 8분 34초로 한국 최고 기록을 수립하자, 황영조는 1994년 보스턴마라톤대회에서 2시간 8분 9초로 5위를 하면서 또 한 번의 한국 기록을 수립하게 되었다. 그 뒤에 1996년 황영조는 히로시마아시아대회에서도 금메달을 목에 걸었다.

1996년 애틀랜타올림픽에서는 이봉주가 남아프리카의 투가니와

라아스트까지 각축전을 벌이다 은메달을 획득하고, 1998년 로테르담마라톤대회에서 2시간 7분 44초 2위를 하면서 한국 최고 기록을 수립한다. 1998년 방콕아시아경기대회에서도 우승하여 한국은 아시안게임에서 마라톤 3연패를 이룩하였다.

현재 세계기록은 1998년 브라질의 다코스타가 세운 2시간 6분 5초이고, 세계기록과는 멀게만 느껴졌던 우리 선수들은 이봉주가 얼마 남지 않은 세계기록을 향해 달려가는 모습을 보고 모든 선수들은 기록 단축을 시키기 위하여 전력 질주하고 있다.

한국의 여자 기록

여자 마라톤은 1981년 임은주가 3시간 16초로 기록되어있고, 1983년 임은주는 해밀턴국제마라톤대회에서 2시간 39분 51초로 한국 기록을 세우며 우승하였다. 그러나 여자 마라톤은 선수층이 빈약하여 어려움을 겪고 있을 때 1987년 제2회 월드컵마라톤대회에서 김미경이 2시간 32분 40초로 5위를 하면서 한국 기록을 6분 이상 앞당겼다. 이때(1987년) 세계랭킹 41위로 주목을 받으며 여자 마라톤은 곧 2시간 30분 벽이 무너질 것이라고 관계자들은 입을 모아 말하였다.

그러나 선수층이 낮은 여자 마라톤은 1996년 오미자가 2시간 30분 9초로 9년의 세월이 흘러 한국 최고 기록을 세웠다. 그 뒤에 권은주가 1997년 조선일보마라톤에서 2시간 26분 12초의 좋은 기록으로 한국 최고 기록을 수립하며 세계랭킹(1997년) 7위로 여자 마라톤의 가능성을 보여주고 있다.

현재 세계 최고 기록은 1998년 케냐의 로우페가 세운 2시간 20분 47초이다. 마라톤은 세계기록이 단축되면서 레이스 배분도 예전의 완주로부터 지구력 위주에서 현재는 스피드업이라는 형태를 취하여 초지구력과 스피드를 함께 지니고 있지 않으면 승자가 되지 못하는 시대에 접어들었다.

2. 상상과 뒤집어 보기

✒ 마라톤(걷기, 달리기)을 바라보는 나만의 짧은 생각

첫째, 건강한 인간으로서 모든 활동의 기본이다. 일상생활은 물론, 운동(스포츠, 레저)을 아우른다. 사람이 삶을 유지하자면 기초적인 체력과 에너지가 필요하다. 걷고 달리지 않으면서 건강하고 온전하게 얼마나 살 수 있을까? 선천적이거나 후천적인 장애와 병 때문에 절대적으로 할 수 없는 경우는 예외로 할 수밖에 없다.

왜 레저와 스포츠에 열광하는 것일까? 궁극적으로 건강하고 행복한 삶을 살고자 하는 욕망이라고 생각한다. 올림픽과 월드컵을 비롯하여 수많은 레포츠 종목이 있고, 수십억 명의 인류가 그것을 즐기고 있다. 이것들의 필요·충분조건에 걷기와 달리기는 반드시 들어간다. 기초체력을 만들고 강화한다. 지구력을 기르고 늘려준다. 육체적으로 달리지 않으면 절대 만들어 낼 수 없는 것들이 있기 때문이다.

둘째, 정직한 운동이다. 그러하지 못한 운동이 있다는 게 아니다. 특히, 기록을 겨루는 육상 종목을 말하는 것이다. 20년 가까이 달려온 개인적으로 볼 때 운이나 요행은 전혀 바라서도 안 되고, 바랄 수도 없다. 평상시 연습한 그대로, 얼마나 열심히 달리고

땀 흘렸는지가 본경기에서 사실대로 나타난다. 나는 물론, 남도 속일 수 없다. 땀 흘린 만큼, 달린 거리대로, 고생한 대가에 맞춰 결과가 보여준다는 것이다.

셋째, 사람의 인생과 참 많이 닮았다. "인생은 마라톤이다."라는 말이 있다. 달리기를 본격적으로 시작하기 전부터 자주 들어오던 얘기이고, 정말 공감한다. 축구를 좋아하는 사람은 '인생은 축구다', 배구에 빠진 이는 '인생은 배구다', 수영에 미친 사람은 '인생은 수영이다.' 등등 자기의 취미이거나 전문 운동인도 이에 비유는 할 수 있을 것이다. 그렇지만 보편적이거나 일상적으로 듣는 말은 아니다.

첫 풀코스 도전할 때와 마찬가지로 지금도 분명 끝은 있는데 끝없이 길게 느껴진다. 달리는 그 현장에 삶과 죽음이 있고, 인간이 살아가면서 느끼는 기쁨과 슬픔, 희망과 절망, 성공과 실패, 도전과 성취 등 모든 것이 있다. 살아가는 방법이 다르듯 연습하고 뛰는 게 다르다. 끝까지 완주하는 반면, 중간에 실패도 있다. 끌고 밀어주기도 하며, 격려하고 응원도 해준다. 앞서기 위해 치열하게 다퉈 이기고 지기도 한다. 정정당당하거나 그렇지 못한 경우도 있다. 그 밖에도 인간사(人間事)에서 벌어지는 모든 것들을 42.195km의 긴 여정에서 경험하고 온몸으로 느낄 수 있다.

넷째, 힘들지만 정말 재미있다. 아내와 가족을 비롯하여 내 주변의 많은 사람이 "가장 힘들고 재미없는 운동을 왜 하느냐?"라고 한다. 어떤 종목을 달리건 산보하는 게 아니라 기록을 1초라도 앞당기고, 경쟁자보다 한 발자국이라도 앞서야 하므로 정말 힘들다. 특히, 풀코스는 오죽하겠는가마는 그보다 더한 100km부터 1,500km 등의 울트라 마라톤이라는 것도 있다.

하지만 나로서는 정말 재미가 많다. 그 어떤 스포츠나 레저도 비할 바가 되지 못한다. 그러므로 남들은 그렇게 힘들고 어렵고 재미없다는 것을 19년 넘게 100번이나 뛴 것이다. 달리기를 시작한 뒤로 세상의 그 어떤 유희, 오락, 레포츠, 도박 등에 오래도록 깊이 빠져본 기억이 없다. 마라톤을 하기 전까지 테니스, 낚시에 잠깐 몰입하였는데 큰 흥미를 느끼지 못했으므로 오래 가지 못하고 중단한 것이다.

사실 따져본다면 힘들지 않은 운동도 없을 것이다. 잘 달리지 못하는 나와 같은 경우를 예로 비교해보자. 배드민턴, 축구, 야구, 농구, 족구 등 그 어떤 종목이라도 4~5시간 동안 쉬지 않고 한다면 마라톤보다 더 힘들 수도 있지 않을까? 시간을 정해 전·후반, 세트, 회 등으로 구분하여 끝날 때마다 어느 정도의 휴식 시간을 보장하므로 상대적으로 더 어렵지 않게 여겨질 것이라 생각한다. 물론, 마라톤과 다른 운동이 저마다의 특성이 있으므로 절대적이거나 상대적으로 비교해서는 안 될 것이다. 이것은 재미에 있어서도 마찬가지라 믿는다.

다섯째, 나의 존재감을 확인시켜준다. 모든 인간은 저마다의 정신적, 육체적인 개성이 있다. 남과 명백하게 구별하고, 특징짓게 해 줄 차별화된 생각, 신념, 성격, 특기 등 다양한 요소가 있다. 2002년에 본격적으로 달리기를 시작할 때까지 특별하게 관심을 가져보거나 남보다 잘한다고 생각해본 게 전혀 없다. 보통의 인간으로서 그 평균보다 더 뒤떨어졌다고 볼 수 있다. 모든 학교에 다닐 때나 직장에서 근무할 때, 숫자가 많은 모임 등에서 대표 선수를 결정할 때 거의 뽑혀본 적이 없다. 다른 이유도 있었겠지만, 가장 먼저 재능이 없다. 다음에는 흥미가 없으니 소극적이며 참여가 이뤄지지 않고, 실력이 나아질 리 없었을 것이다.

그러나 마라톤은 다르다. 건강이 최악의 상태에서 시작하였으므로 어쩔 수 없었다고 하더라도 내 정신과 몸에 가장 적당한 선택이었다고 할 수 있다. 어린아이와 같은 마음으로 걷기부터 출발하여 조금씩 발전하여 달리고, 그 거리를 늘려나갈 때마다 느끼는 도전과 성취감, 자신감과 희열은 갈수록 더 깊이 빠져들게 하였다. 내 존재감을 스스로 확인함은 물론, 외부인들로부터 인정받는다는 것은 마라톤으로 얻은 가장 큰 성과이다. 이것은 평생토록 끊을 수 없는 가정과 사회생활, 일과 인간관계에서 요구되는 자신감, 추진력, 긍정적인 사고, 결단력, 신중함 등 여러 면에서 큰 영향을 미쳤다고 자신 있게 말할 수 있다.

여섯째, 혼자 하기에 가장 적합하다. 일상생활을 하는 가운데서뿐만 아니라, 연습을 하거나 실전에서 혼자 할 수 있는 운동은 과연 얼마나 될까? 등산, 자전거, 낚시 등 극히 제한적이라 생각한다. 풀코스를 덜 힘들게 즐기기 위해서는 일부러 시간을 만들어 뛰어야만 한다. 그러나 늘 여러모로 바빠 충분한 연습을 하지 못한다. 많이 걷는 편인데 나는 이것을 '생활 속의 마라톤 연습'이라고 표현하고 있다.

 마라톤을 시작하기 전에 10여 년 이상 동해시청 테니스클럽 회원으로 활동한 적이 있다. 크게 내 흥미를 이끌어 내지도 못하였지만 벽치기나 달리기 빼고는 짝이 있어야만 할 수 있었다. 저녁에는 손님 만나느라 시간을 내는 게 거의 불가능하였고, 비교적 일찍 일어나는 새벽에는 상대방과 시간이 제대로 맞지 않아 하지 못한 기억이 매우 많다. 축구, 배구, 농구 등 많은 운동은 정해진 숫자로 한 팀을 만들어야 연습도, 본 시합도 이뤄진다. 탁구, 테니스 등의 여러 종목은 개인전부터 단체전까지 여러 종목이 있지만, 마라톤과 같이 개인 운동이라고는 할 수 없다.

 마라톤은 개인의 의지만 있다면 하루 종일, 사계절, 연중무휴로 그 어떤 시간대에도 할 수 있다. 특히, 특별한 장소나 도구의 도움이 크게 필요 없다는 것이 가장 유리한 점이라 할 수 있다. 신발, 유니폼, 선글라스 등을 마라톤 용품이라고 하므로 그 흐름에 맞춰 분위기를 돋우기 위해서 구입하는 것이지, 평상시에 사용하는 신발과 옷도 전혀 상관이 없다. 또한, 즐기고 연습하는 데 있어 공간과 시간의 제약이 전혀 없는 운동은 이것밖에 없다는 게 내 생각이다. 물론, 본 대회에서는 정해진 코스가 있으므로 예외일 수밖에 없다. 하지만 다른 운동은 시간과 장소뿐만 아니라, 정해진 도구도 상당히 많으며, 그에 소요되는 비용도 만만치 않다는 것은 잘 알려진 사실이다.

일곱째, 자신을 되돌아볼 여유를 만들어준다. 운동하면서 자신을 되돌아본다는 게 가능할까? 쉽게 이해하고 받아들이기 어려울 것이라 여겨진다. 일반적으로 대부분의 운동은 정해진 시간이 짧고, 격렬하고, 폭발적·순간적이다. 달리기에서도 100m부터 1,000m 정도까지는 마찬가지라고 판단된다. 이런 종목은 여유라는 말과 전혀 어울리지 않는다. 그러나 1km를 넘어가면서부터는 성격이 다르다고 생각하며, 특히 내가 즐겨 뛰는 풀코스는 얘기가 크게 달라진다.

이게 모두에게 적용되는 것은 절대 아니라고 생각한다. 그러나 마라톤 체험수기와 전문서적에서 비슷한 경험을 했다는 글은 많이 보았다. 나의 완주기마다 어렵게 만들어낸 제목을 붙였는데, 그 이유는 특정한 목적을 가지고 뛰었기 때문이다. 홀로 걷거나 달리기 연습을 할 때, 하루나 1주일간 이상의 생활 등을 되돌아보며 후회 및 반성을 하고, 새로운 다짐을 하는 게 생활화되었다. 여러 곳에서 쌓인 스트레스를 풀기 위해 덜어내고, 버리고, 이해하고, 감사하기 위해 노력한다. 하루와 1년 이상의 목표를 떠올리고, 고치고, 다듬기도 한다. 글의 제목과 내용을 구상하고, 마음에 드는 문장을 만들고 다듬는다. 업무를 점검하고, 일과를 짜며 효율적인 방법을 생각하기도 한다.

여덟째, 남과 차별화된 기록 만들기에 좋다. 풀코스를 예로 들어 설명한다. 내가 알고 있는 주변의 대다수는 자기의 몸과 적성에 맞는 레포츠를 찾아 즐기고 있다. 축구나 야구 등의 대회에 '몇 번을 끝까지 참가하였다.'라는 것만으로 크게 화제가 되는 것을 별로 보지 못한 거 같다. 개인이 할 수 있는 탁구나 배드민턴 등의 경우에서도 마찬가지다. 우승이나 등위 입상 등이 아닌 단순한 참가만을 말하는 것이다.

그러나 마라톤만은 아니다. 하프를 뛰는 데도 "그렇게 먼 거리를 어떻게 달리느냐?"라는 반응을 적잖이 보았다. 하프만을 전문으로 완주 횟수를 늘리는 사람들을 가끔 본다. 풀코스는 너무 힘들기 때문에 뛰기 어렵다는 것이다. 가끔 대화 자리에서 하프 50회, 100회를 넘어 몇백 회 등의 얘기가 나오면 깜짝 놀라는 반응은 완전히 달라진다. 풀코스는 말로 해서 뭐하겠는가?

2003년 9월에 첫 풀코스를 완주하였는데 가족과 동료 직원은 물론, 주변의 아는 분들은 너무 놀라면서 아무도 믿지 않았다. 같이 대회에 참가한 회원들조차도 양원희에게는 불가능한 일이라는 반응을 보였다. '이게 그렇게 큰일이라는 말인가?' 하며 속으로 제법 우쭐해지고 뿌듯한 느낌을 가졌던 기억이 생생하다. 그 이후로 그 횟수를 하나씩 늘려갈 때마다 내가 받은 느낌은 처음과 비교하여 시들해졌지만, 아직까지도 현재 진행형이다.

아홉째, 죽을 때까지 계속하고 싶다. 건강하고 행복한 삶을 오래 유지하기 위해 운동을 한다. 정신과 육체에 맞춰 시간과 돈이 따라주어야 그 소망도 어느 정도 이룰 수 있다. 세상의 모든 일이 자기 마음먹은 대로(생각한 대로) 이뤄지기보다는 외부적인 환경과 여건에 더 크게 좌우된다는 것을 수도 없이 직접 느끼고 보아왔다.

"무슨 놈의 운동을 죽을 때까지 하느냐, 제정신으로 하는 얘기가 맞느냐?"라고 할 수도 있다. 그러나 지금의 내 마음은 표현한 그대로이다. 내 뜻대로 할 수만 있다면 건강한 몸과 마음으로 즐겁고 행복하게 뛰다가 주로에서 고통 없이 죽었으면 하는 바람이다. 내 생명과 지금 누리고 있는 삶은 걷기, 달리기, 마라톤이 이어주고 있음은 명백한 사실이다. 앞으로 주어진 시간이 얼마나 될지 알 수는 없지만, 마라톤을 떼어놓고는 상상할 수 없다.

그러나 세상일이 내 마음대로 될 수 없기에 장담할 수는 없다. 최악의 순간에 지푸라기라도 잡는 마음으로 달리기를 선택하였는데, 또다시 그런 획기적인 변화의 순간이 올 수도 있다. 건강의 악화, 마라톤의 선택, 20년 가까운 생명의 연장(온전히 나의 생각임)도 내가 선택한 운명이었듯이 앞으로의 삶도 같을 것이다. 하지만 산책하고, 뛰고, 마라톤은 계속할 수 있기를 간절히 소망한다.

🏃 운동능력이 뛰어난 선수만 한다

절대 아니다. 걷거나 뛰는 데 있어 신체적으로 특별한 장애만 없다면 누구나 할 수 있다고 생각한다. 하반신의 마비 또는 다리에 심한 장애가 있거나 심장 이상 또는 폐 질환 등이 있다면 본인의 의지와는 상관없이 뛰는 것이 불가능할 것이다. 그렇지만 속된 말로 사지가 말짱하다면 해보겠다는 생각, 하면 된다는 의지, 어느 정도의 꾸준한 연습, 마라톤 과정에서 필연적으로 발생할 수밖에 없는 고통을 참아내는 각오만 있으면 가능하다는 얘기다.

나는 초등학교부터 고등학교까지의 학창 시절은 물론, 직장과 사회생활을 하면서도 어떤 운동이든 조직의 대표 선수로 선발되어본 적이 없을 정도로 운동신경이 뒤떨어지고 소질도 없다. 아니 어쩌면 다른 소질이 있었는데도 찾아내지 못하고 썩혀버렸는지도 모를 일이다. 지금 마라톤을 하고 있지만, 기록이 매우 저조하여 어디에 명함조차 내밀 수 없을 정도이다. 또한, 마라톤이 기록경기임에도 기록에 크게 얽매이지 않고 즐기면서 달린다. 마니아임에도 혼신의 힘을 기울이는 선수들이 많이 있는데, 나는 이런저런 핑계로 자주 달리지도 못하고 연습량도 그리 많지 않은 편이다.

🏃 풀코스만 있다

아니다. 그 종류가 대단히 많다. 지금까지 각종 대회에 참가하거나 마라톤 사이트에서 조사한 바에 따르면 풀코스 이하의 종목은 2.5km, 5km, 6km, 6.8km, 10km, 12km, 14km, 15km, 20km, 하프코스(21.975km), 25km, 26km, 30km, 32km, 32.195km, 33km, 풀코스(42.195km) 등이 있다. 또한, 그보다 길이가 긴 종목으로는 43km, 44.5km, 46km, 50km, 60km, 100km, 108km, 200km, 222km, 308km(인천 강화~강릉 경포), 537km(부산 태종대~파주 임진각), 1,500km(15일간 매일 100km) 등이 있다.

종목이 다양한 것은 아마도 마라톤을 개최하는 지역의 코스 사정 때문이 아닐까 생각한다. 보통 코스는 편도형(출발지와 결승점이 다름), 순환형(출발지와 결승점은 같으나 코스가 다름), 왕복형(출발지와 결승점도 같고, 코스를 갔다가 되돌아옴)으로 구분된다. 세 형태를 감안하여 최적의 코스를 만들고, 일정 규모의 선수단이 집결할 수 있는 출발이나 결승점 등 여러 사정을 감안하여 생긴 결과일 것이다. 종목에 따라 평상 때의 연습과 본 대회의 코스에서 달리는 전략을 달리해야 한다. 여러 종류의 종목을 자주 뛰게 되면 나만의 달리는 방법을 만들어가게 된다. 나는 아직도 뚜렷한 건 없지만, 목표를 가지고 이루어 가는 중이다. 선수에게 있어 경기 종목이 다양하다는 것은 매우 반갑고 즐거운 일이다. 자기의 연습량과 몸의 상태 등에 따라서 골고루 선택할 수 있기 때문이다.

지금까지 5km, 10km, 하프, 30km, 풀코스, 100km 등 6가지 종목을 뛰어보았으며, 가장 즐기는 것은 풀코스이다. 하프까지는 운동량에 있어 뭔가 부족하다는 생각이 들기도 하지만, 풀코스의 완주 횟수를 늘리고자 하는 욕심도 있기 때문이다. 주변에 100km 이상의 울트라 마라톤을 즐기는 사람들을 더러 본다. 체력, 끈기, 인내심, 의지 등 정말 대단하며, 존경스러운 선수들이라 생각한다. 100km를 14시간 30분대로 단 한 번 뛰어보았는데 내게 있어서는 풀코스가 더 매력적이고 흥미롭다. 언제부터인가 10km나 하프보다는 풀코스를 훨씬 더 많이 즐긴다.

◈ 70세 이상의 고령자는 불가능하다

　나이와 마라톤이 전혀 상관없다고 얘기한다면 그건 분명 문제가 있는 표현이 될 것이다. 연령이 많아질수록 신체의 기능과 체력이 떨어지고, 운동신경도 둔해지며 부상의 위험이 크기 때문에 젊은 사람에 비하여 어려움은 훨씬 많아지는 게 당연하다. 그러나 2003년부터 풀코스를 뛰고 있는 나로서도 코스에서 믿을 수 없는 일들을 많이 목격하게 된다. 우리나라의 마라톤 마니아 중 연령층이 가장 두터운 것은 50대라고 한다. 아마도 가장 일 많고 힘든 40대를 무사히 넘긴 후 직장은 안정되고, 생활에 어느 정도의 여유가 생기면서 건강관리에 관심을 두는 시기이기 때문이 아닌가 생각한다.

　'칠마회'라는 유니폼을 입은 어르신들을 코스에서 자주 보게 된다. 70대 연령으로 구성된 마라톤클럽이다. 숫자도 적지 않지만 이제 겨우 50살밖에 안 된 나를 앞질러 달리는 모습은 존경심과 함께 부끄러운 마음도 들게 만든다. 이 얼마나 대단한 체력과 의지, 용기와 도전인가? 이분들을 마주할 때면 나는 과연 저 나이에 풀코스를 뛸 수 있을까를 생각하면서 건강과 체력 관리에 보다 더 애쓸 것을 다짐하게 된다.

우리나라의 최고령 마라토너인 석병환 씨는 1999년 첫 풀코스를 완주한 이후 77세인 2009년 음성 반기문 마라톤대회에서 300번째 풀코스를 완주하였으며, 500회 완주가 목표라고 한다. 또한, 올해 62세인 임채호 씨는 2002년 마라톤을 시작하여 2011년 풀코스 500회를 완주하였다. 2007년 59개 대회, 2008년 92회에 이어 2009년에는 106회로 연간 최다 풀코스 완주자로 기네스북에 등재되었으며, 2010년에는 108회를 뛰었다고 한다.

세계적으로는 캐나다의 파우자 싱이 2011년 10월 16일 토론토 워터프론트 마라톤대회에서 8시간 11분여 만에 완주하여 세계 최고령(100세) 마라토너로 기네스북에 이름을 올렸다고 한다. 89세에 처음 풀코스를 완주했고, 2003년 93세의 나이로 토론토 대회 90세 이상 부문에 출전해 5시간 40분 1초로 우승하며 최고령 기록을 세웠다. 이에 앞서 13일 토론토에서 열린 단·장거리 경주 100세 이상 부문에서 세계신기록 8건을 세웠다고 한다.

♪ 남자가 여자보다 더 잘 뛴다

남자와 여자는 신체구조가 다르다. 일반적으로 남자가 여자보다

키나 체격이 더 크고, 몸무게도 더 나간다. 엘리트나 마니아의 마라톤 최고 기록은 남자가 여자보다 더 좋다. 올림픽경기 등 대부분의 엘리트나 생활체육의 스포츠 종목에서도 일반적으로 남자가 더 낫다. 이게 신체적으로 더 우월하다는 건 아닐 거라고 생각한다. 사회구조상 여성은 어려서부터 남자와는 다르게 생활하고 움직이므로 체력적으로 덜 발달하였기 때문이 아닐까 한다. 또한, 생리라든가 가족의 음식과 가사를 책임지고, 아이를 낳는 등 남성이 할 수 없거나 남성보다 더 많은 일을 하는 게 현실이다.

나는 5km부터 100km까지의 여러 대회에 참가하면서 나보다 더 잘 달리는 수많은 여성을 계속 보아왔다. 175cm의 키와 60kg 안팎의 몸무게를 가졌다고 얘기하면 누구든지 "달리기에 참 좋은 신체조건을 가졌다."라고 말한다. 그러나 나보다 나이가 어리거나 많은 여성, 키가 작거나 몸무게는 더 많아 보이는 여성들이 거침없이 나를 앞질러 간다. 정말 대단한 여성들이고 존경스럽다.

달리기, 마라톤의 기록은 성별의 문제, 신체구조의 특징이 어느 정도는 좌우하겠지만, 결코 전부는 아니다. 마라톤에 대한 열정과 재미, 꾸준하고 성실한 연습, 고통을 참는 인내심, 목표기록을 향한 집념과 끈기 등이 종합적으로 만들어낸 결과이다.

♦ 장애가 있으면 하지 못한다

장애인은 '지체장애, 시각장애, 청각장애, 언어장애 또는 정신지

체 등 신체적·정신적 장애로 장기간에 걸쳐 일상생활 또는 사회생활에 상당한 제약을 받는 자로서 대통령령으로 정하는 기준에 해당하는 자'를 말한다.

장애인은 인간으로서의 존엄과 가치의 존중과 이에 상응하는 대우를 받고 누구든지 장애를 이유로 정치·경제·사회·문화생활의 모든 영역에서 차별을 받지 아니한다. 또한, 모든 장애인에게는 국가·사회를 구성하는 일원으로서 정치·경제·사회·문화 기타 모든 분야의 활동에 참여할 기회가 보장된다. 체육 분야에 있어서도 마찬가지이다. 일반 체육회에 대응하여 장애인체육회가 설립되어 장애인의 체육 활동을 지원하고 있다.

장애가 있으면 정상적인 신체조건을 모두 갖춘 사람들에 비하여 그 활동이 제약받을 수밖에 없다. 마라톤에 빠져 생활하므로 론볼과 보치아 외에 다른 장애인 경기를 직접 경험해 볼 기회는 거의 없었으나 티비 등을 통하여 장애인 경기를 가끔 본 적은 있다. 신체적으로 어려운 조건을 극복하고 경기에 참여하여 경쟁하는 모습은 눈물겹고 감동스럽다.

마라톤대회에서도 장애인을 자주 보게 된다. 한 팔 또는 양팔이 없는 선수, 시각장애인, 한쪽 다리가 불편한 사람, 지적발달장애인 등이다. 이분들과 앞서거니 뒤서거니를 자주 하게 된다. 내가 운이 좋아 먼저 골인한 경우도 있지만, 대부분은 나를 앞질러 간다. 대단히 존경스럽고 훌륭하며, 인간승리를 이룬 분들이라 생각한다.

이분들을 보게 되면 나 자신이 쪼그라들고 창피스럽고 되돌아보게 되며, 나약해지는 마음에 불을 댕기고 채찍질을 하게 된다.

3. 어떤 사람들이 왜 뛸까

✒ 죽음의 공포 앞에서 달리기 시작

풀코스를 첫 번째 완주하였을 때 주변 사람들은 쉽게 믿지 않았다. 운동 제대로 한다고 남이 인정해주는 거 하나 없이 일밖에 모르고, 체격도 약한 놈이 술은 몹시 좋아하였기 때문이다. 그런데 스포츠 가운데 가장 힘들고 재미도 없다는 운동을 어떻게 했을까 하는 의아심 때문이었을 게다. 시간이 지나면서 스스로도 믿기 어려운 일이 이뤄지는 게 놀랍다. 완주 숫자를 늘려 10회를 넘기고, 20회, 30회 등 그 횟수를 늘려갈 때마다 "그 힘든 마라톤을 무슨 재미로 왜 하느냐?", "몸 생각해라. 그렇게 무리하다가는 몸 망가지고 늙어 고생한다. 적당히 해라."라는 등의 충고와 우려 섞인 얘기를 많이 들었다.

2002년 1월 달리기를 생각하게 된 동기는 건강상의 이유 때문이라고 할 수 있다. 40살이었으며 10여 년간 테니스클럽의 회원으로서 활동하였으나 남들처럼 큰 흥미를 느끼지 못하여 불과 월 2~3회 정도만 라켓을 잡았다. 건강한 몸을 유지하기 위하여 테니스를 시작했지만, 운동보다는 회원들과의 만남 및 경기 후 뒤풀이에만 더 열중하였던 것이다. 우리나라의 40대는 가정이나 직장에서 가장 힘겹고 스트레스를 많이 받는다고 한다. 당시에 친구는 물론, 가까운 직장 동료들이 30대 후반 및 40대 초반을 넘기지 못하고 아까운 나이에 쓰러져 일어나지 못하는 것을 몇 번이나 목격하였다. 나 또한 업무와 스트레스 그리고 과음에서 자유로울 수 없었기에 몸과 시간 여건 등 여러 사정을 감안하여 가장 적합한 운동으로 찾아낸 것이 달리기였던 것이다.

사람들의 모양이 각양각색이듯, 여러 종목의 마라톤이나 풀코스를 뛰는 이유도 숱하게 많을 것이다. 나의 예에서도 그러하듯 어떤 일이든지 원인과 결과가 있다. 지금까지 19년 넘게 이 달리기를 해 오면서 수많은 사람을 만나 마라톤에 관한 얘기를 나누어 보았다. 전혀 다른 사적인 일이나 업무를 하는 과정에서도 예기치 않게 화제가 마라톤으로 바뀐 적도 있다. 마라톤에 목숨 걸 정도로 좋아하는 달림이들을 마라톤클럽 모임과 대회 참석차 이동하는 차 안에서 또는 코스에서 만나왔다. 모두가 잠들어 온 세상이 고요한 새벽과 먼동이 터오는 시간, 한낮의 폭염이 내리쬐는 햇볕 아래서와 자정을 넘겨 밤을 새워가면서도 얘기를 나누었다. 꽃눈과 폭설, 단비와 폭우, 그리고 미풍과 강풍 속에서도 호흡을 같이하였다. 봄, 여름, 가을, 겨울과 산, 들판, 바다, 강변 등에서도 걸음을 맞춰보았다.

과연 어떤 사람들이 뛸까

대한민국과 세계의 많은 남녀노소가 즐기고 있는 것 같다. 걷는 것과 뛰기는 분명히 다르다. 걸을 수 있는 사람이라면 모두 뛸 수 있다고 하면 너무 비약하는 것일까? 또 빨리 걷기와 뛰는 것은 차이가 있는가? 나로서는 별 차이가 없다고 느낀다. 풀코스라는 긴 거리를 완주하는 과정에서 뛰는 시간이 더 많지만 빨리 걷기도 하고, 너무 힘들 때는 천천히 걷다 못해 퍼져 앉아서 쉬기도 하기 때문이다. 코스에서 스쳐 지나가거나 마주 보는 선수들은 뛰는 모습과 복장이 모두 다르다. 1백 명이 참가하거나 1천 명 규모를 넘어 2~3만 명의 초대형 대회에서도 똑같은 모습과 복장을 한 사람은 거의 보지 못한 것 같다. 남녀와 나이의 많고 적음, 재산의 많고 적음과 명예의 높고 낮음, 학력의 높고 낮음과 지역 연고의 있고 없음 등이 전혀 문제가 되지 않는다고 생각한다. 심지어는 신체장애도 정도에 따라 달라질 뿐, 그 어려움과 한계를 극복하고 달리는 수많은 사람을 보게 된다.

그럼, 왜 뛰는 것일까

오로지 뛰는 그 자체를 즐기며 완주해가는 과정에서 도전과 성취, 인내와 극복, 건강과 행복 등 개개인이 목표로 하는 바를 이루기 위함일 것이다. 부상을 넘어 죽음에 이르는 경우도 있으며, 자신의 한계를 느끼면서 포기하고 좌절하는 순간도 맞닥뜨리게 된다.

하지만 목표를 달성하기 위하여 준비하고 노력하는 모습은 아름답고 멋있다. 실패를 겁내지 않고 성공할 것을 굳게 믿으며, 자신과 주변의 상황과 싸워나가는 모습은 숭고하기까지 하다. 이 과정에서 수많은 덤을 얻을 수 있다. 연습 과정에서 다져지는 건강과 체력, 집과 대회장을 오가는 동안에 만나는 사람과 맺어지는 인간관계, 이동하는 차창 밖과 코스 주변에서 해마다 철철이 모습을 바꿔가며 반겨주는 자연과 변화·발전하는 도시의 모습, 대회 개최 도시를 찾아가는 과정에서 체험할 수 있는 먹거리·볼거리·즐길 거리 등이 마라톤의 또 다른 맛과 멋을 느끼게 한다.

인터넷에서 본 자료에 따르면, 마라톤을 꼭 해야 하는 사람은 체력과 근력을 키워야 하는 사람, 살이 쪄 뚱뚱한 사람, 운동이 부족한 사람 등이다. 더불어 마라톤을 하면 안 되는 사람은 지나치게 살찐 사람, 무릎 부위에 부상이 있는 사람, 운동을 조금만 해도 하지 쪽에 통증이 있는 사람 등임을 꼭 기억해두어야 하겠다.

4. 어떤 효과가 있을까

✒ 운동을 하는 이유

 운동은 왜 하는 것일까? 모든 종목마다 정신이나 육체, 사교나 친목, 미용과 건강, 자극과 호기심 등 본래적인 욕구를 충족시키는 좋은 점이 있을 것이다. 또한, 이에서 더 나아가 특정 분야에서 국내를 벗어나 세계에서의 최고라는 지위를 확고하게 함으로써 자아의 실현은 물론, 부와 명예까지도 얻는 경우를 여러 번 보았다. 앞에서 예를 들은 여러 가지의 좋은 점보다 나쁜 점이 더 많다면 굳이 운동을 하지 않을 것이다.

✒ 뛰는 효과는

 마라톤을 함으로써 얻는 효과는 무엇일까?

 마라톤 전문 웹 사이트인 '마라톤 온라인'에서는 달리기의 효과로서 스트레스 해소, 러닝 하이 체험, 혈액순환과 백혈구 증가, 혈관의 젊어짐과 성인병 예방, 다리 및 허리의 노화 예방에 탁월, 암에 잘 걸리지 않고 잘 이겨냄, 간과 심장 기능 향상, 변비 치유, 치질과 정맥류 방지, 당뇨병 치료, 뇌의 노화 방지와 두뇌의 움직임 향상, 유산소 운동으로 인한 고혈압 예방과 치료, 우울증 치료, 다

이어트 효과 향상, 자율신경 기능 향상 등 15가지를 들고 있다.

'런조이탓컴'에서 칼럼을 쓰고 있는 전 국가대표 마라토너이자 체육학박사인 이홍열 씨는 조깅이나 속보는 전신에 골고루 효과를 볼 수 있는 유산소 운동으로서 동맥경화, 당뇨병, 관절염, 담석증 등을 유발시키는 비만의 치료 효과가 있다고 한다. 또한, 운동 부족으로 생기는 사망률 1위인 심혈관계 질환인 심장병 및 뇌졸중의 예방과 치료, 퇴행성 관절염과 고혈압 등 성인병 치료, 조직의 재생과 근력 향상 등으로 건강 증진은 물론, 삶의 질 향상 효과도 들고 있다.

'RUN 114'에서는 심폐기능의 향상 및 건강 증진, 늘 쉽게 할 수 있는 유산소 운동, 가장 경제적인 휘트니스 활동, 스트레스 해소, 웨이트 트레이닝의 효과 향상, 모든 스포츠의 기본, 정신적인 기분 향상, 동질감 제고 등을 꼽는다. 또 다른 자료에 따르면 생활의 활력과 젊음 유지, 심장의 펌프력과 혈관의 탄력성 향상 및 모세혈관의 밀도 상승, 내장과 심장 기능 및 지구력 향상, 신체의 모양 교정, 체지방 감소 등 모든 신체에 적합한 운동임을 밝히고 있다.

자, 그럼 이 모든 것을 한 번 정리해보자.

여러 종목의 공식적인 마라톤과 달리기! 긍정적이고 바람직한 효과가 매우 많다고 단언하면 과연 내 믿음에 문제가 있는 것인가? 나로서는 결코 아니라고 확실하게 말할 수 있다. 위에 나열되어있는 여러 가지의 효과 중 직접 체험한 것도 있지만, 아직까지는 겪어 보지 못한 게 더 많다. 아마도 앞으로 나이가 들어가고 신체기능이 떨어지면서 추가로 경험하게 될 사항이 더 많을 것으로 판단된다. 여기저기에서 수많은 사람이 이구동성으로 긍정적인 효과가 많다고 하는데 걷기와 달리기를 굳이 하지 않을 이유는 없다. 보다 더 열심히 하는 게 맞지 않을까?

✒ 내가 경험한 특별한 효과

이 밖에도 내가 경험한 효과로서는 어떤 것도 해낼 수 있다는 자신감 키우기, 어느 정도의 고통을 견뎌내는 인내심 기르기, 끈기와 지구력 향상, 신체에 대한 배려심과 건강관리에 대한 인식의 제고, 전혀 하지 못하던 등산 능력 향상, 요통과 어깨 통증의 감소, 팔과 다리를 비롯한 전신의 유연성 증대, 심폐기능의 향상, 감기에 대한 면역력 향상, 업무 등 여러 요인으로 발생하는 스트레스의 조절 및 해소, 폭음과 잦은 술로 인한 간과 위장 기능의 향상, 마라톤 마니아들에 대한 존경심과 동질감 형성 등도 얻어낸 것들이라 할 수 있다.

특별하게 추가하고 싶은 것은 새로운 인간관계의 형성과 확대이다. 인간관계는 '사회집단이나 조직원의 구성원이 빚어내는 개인적·정서적인 관계'를 말한다. 사회의 모든 현상 중 그 어떤 특별한 것에 대하여 같거나 비슷한 생각을 갖고 같이 활동하면 동질성과 친밀감은 확대된다. 향우회, 동문·동창회, 동호회, 수많은 체육·

문화·예술·학술 모임이 생겨나는 이유라고 생각한다. 마라톤을 함으로써 새로운 사람들을 폭넓게 더 많이 알고, 더 깊고 끈끈한 관계로 발전할 수 있었다. 지금까지 달리고, 건강을 지키며, 목표를 향해 나아갈 수 있었던 중요한 요인 중의 하나라고 말할 수 있다.

아마도 수많은 마라톤 마니아들은 전문가들이 마라톤의 긍정적 효과로 발표하였거나 내가 겪은 것과는 또 다른 체험을 하였을 것으로 생각된다. 물론, 신체적인 장애나 기타 여러 가지의 사정으로 인하여 마라톤을 할 수 없는 사람들도 분명 있을 것이다. 이런 경우를 제외하고는 너무 무리하지 않으면서 몸에 적합할 정도의 마라톤을 하게 되면 몸과 마음에 확실하게 좋은 효과를 보게 될 것이라 확신한다.

5. 비교적 싼 마라톤 용품

✎ 신발

　마라톤을 함에 있어 가장 중요한 용품은 무엇일까? 아마도 모두가 신발을 가장 먼저 손꼽을 것으로 여겨진다. 거리의 길고 짧음에 따라 다르겠지만 한 걸음씩 뛸 때 지면으로부터 받는 몸의 충격을 완화시켜 몸을 보호하기 때문이다. 뛰는 행위는 걸을 때에 비하여 몇 배의 충격을 받는데 이에 따라 발바닥, 발목, 무릎, 허리 등은 직접적으로 물리적인 부담이 가해진다. 이뿐만 아니라 목은 물론, 머리까지도 작지 않은 충격을 받게 됨을 자주 경험하였다.

　마라톤을 시작한 지 19년 4개월째인 지금 가지고 있는 마라톤 용품과 그 가격을 대충 정리해본다. 가장 중요하다고 할 수 있는 마라톤(조깅)화는 4켤레이다. 아식스는 2켤레인데 10여 년 이상 전에 옥션에서 8만 원에 구입한 것과 시청 마라톤 클럽에서 회비 적립액으로 비슷한 가격에 구입하여 기념품으로 받은 것이 있다. 전 마협에서 구입한 월드런 마라톤화도 5만 원에 구입한 게 10년 가까이 되었고, 옥션에서 구입한 아디다스도 5만 원대로 기억한다. 지금까지 망가져서 버린 것도 5켤레 정도밖에 되지 않는다.

　가지고 있는 신발도 번갈아가면서 사용하기 때문에 아직까지는 양호한 편이며, 앞으로도 당분간은 더 신을 수 있을 것으로 생각된다. 그동안 연습하거나 대회에 참가하면서 달리고 걸은 거리가 5만km는 넘을 것으로 여겨진다. 꽤 먼 거리인데도 조심스럽게 살살 뛰는 주법(走法) 때문인지 신발이 쉽게 닳지 않는다. 이뿐만 아니라 주변의 많은 달림이들이 좋은 신발을 찾건만 나로서는 발에 맞기만 하면 일반 운동화 포함 그 어떤 신발이라도 전혀 문제가 되지 않음을 느낀다.

몸이 잘못된 건지, 발 구조가 남과 다른 것인지 신발 뒤의 오른쪽이 빨리 닳아 균형이 깨지는 건 정말 아쉽다. 위쪽이나 다른 데는 멀쩡한데 버리기는 아까워 연습하거나 걸을 때는 계속 신고 있다. 그것만은 아니다. 나와 같이 숱한 고생하면서 오래도록 내 몸을 지켜왔기 때문일 수도 있다.

✒ 양말

신발 못지않게 양말도 중요하게 생각하며, 연간 3켤레 정도 소모되지 않을까 싶다. 뛸 때는 걷는 것에 비하여 발목, 무릎 등 하체에 3배 정도의 충격이 더 간다고 하는데 적당한 쿠션을 유지시켜 줌으로써 충격을 완화시켜주는 효과가 있다. 보통은 목이 짧은 면 양말을 신는데, 대부분 기념품으로 받았으며 특별하게 마라톤용으로 사는 경우는 없으므로 구매 비용에 포함시키지 않아도 될 듯하다. 2020년부터 코로나19로 인하여 모든 마라톤대회가 취소되고 있다. 참가할 기회가 없기 때문에 양말을 비롯하여 쓸 만한 기념품 받을 횟수가 그만큼 줄어들었다. 지금 연습용이나 대회용으로 바꿔 신는 게 5켤레 안쪽, 포장도 뜯지 않고 보관하고 있는 것도 그 정도 되니 나이가 들거나 싫어서 마라톤을 그만둘 때까지 신어도 넉넉할 거 같다. 두꺼운 면양말이 아니면 어떤가? 그 어떤 것이라도 아무 상관이 없다. 맨발로 뛰는 달림이도 가끔 보는 데 그에 비하면 얼마나 나은가?

✒ 옷(유니폼)

보통 봄부터 초가을까지는 짧은 팬츠와 반팔이나 조끼 티셔츠를 입고, 늦가을부터 초봄까지는 타이즈 팬츠와 긴팔 셔츠를 착용한다. 날씨가 매우 추울 때는 유니폼 위에 바람막이 옷을 껴입는 경우도 많이 있다.

2008년 1월 1일 0시 한강시민공원 여의도지구에서 열리는 새해 첫날 마라톤대회에 참가한 적이 있다. 연중 가장 추운 시기, 0시의 한강변은 영하 10여 도에 강바람은 거세게 분다. 주최 측은 물론, 참가한 사람도 분명 제정신이 아니었을 것이다. 아래옷은 긴 타이즈 위에 반바지, 그 위에 땀복을 입고, 윗옷은 긴팔 티 위에 바람막이 옷, 그 위에 두꺼운 파카를 입었다. 이게 어데 마라톤 복장인가? 겨울철 등산 옷차림이다. 200여 명이 참가하였으며, 2009년부터는 열리지 않았다.

여러 대회에서 기념품으로 한 벌이나 윗옷 또는 아래옷을 제공하는 경우가 가장 많아 보인다. 아마도 지금까지 수십 개를 받지 않았을까 싶다. 나 혼자 쓰기에는 남아돌아 가까운 동료들이나 가까이 지내는 분들에게 준 것도 꽤 된다. 지금은 윗옷이 10여 개, 아래옷이 10여 개, 바람막이 옷을 4개 가지고 있다. 직접 구매한 것은 여름용과 겨울용이 각각 5벌 이내에 불과할 것이다.

◆ 마라톤(손목) 시계

기록을 측정하기 위하여 시계 또한 필수적이다. 골인 지점에서 기록을 재어주므로 굳이 필요 없다고도 할 수 있지만, 뛰는 중간에 자기의 기록이 어느 정도나 되는지 궁금하지 않을 수 없는 일이다. 구간별 속도나 기록을 측정하고 페이스를 조절해야 하기 때문이다. 마라톤은 각오와 의지를 단단히 하고 출발하지만 나도 모르게 부화뇌동(附和雷同: 아무런 주관이 없이 남의 의견을 맹목적으로 좇아 함께 어울림)한다는 것을 많이 느끼게 된다. 전후좌우 선수의 흐름에 따라 휩쓸리기도 하면서 내 페이스를 놓쳐 몸과 마음고생한 적이 한두 번이 아니다. 이것은 전적으로 내 책임이다. 마라톤 시계도 몇 개를 참가 기념품으로 받았는데, 사용법이 어려워 제대로 쓰지는 못하고 있다. 그저 수십 년 전부터 차고 있는 손목시계가 가장 편하고 좋다. 마라톤 목적으로 기록 측정을 위해 별도로 시계를 구매한 것은 없다.

나에게 기록은 별 의미가 없으므로 그것을 재는 시계도 필요 없다. 아마도 생활 마라톤을 즐기는 대다수의 참가자도 같은 생각이 아닐까 한다. 그러나 완주기를 빠짐없이 쓰고부터는 상황이 달라졌다. 기록경기인 마라톤을 하면서 생생한 기록을 남기고자 하는데 그게 빠지면 '앙꼬 없는 찐빵'이 되고 말 것이다.

기록은 5km 단위로 끊어서 측정한다. 일반 시계를 대충 보고 기억했다가 기록을 남기므로 정확하지는 않을 수밖에 없다. 젊었을 때도 숫자 4개(5km를 8시 5분에 통과하면 0805)를 8번 온전히 기억하는 게 쉽지 않았다. 사실 모두 기억하지 못해 어림잡은 기록으로 남긴 것도 꽤 될 것이다. 나이 먹고 완주 횟수를 늘려가면서 궁리한 끝에 시간은 빼고 분의 숫자 2개로 줄여서 지금까지 사용해 오고 있다.

♦ 배 낭(가방)

일단 집을 벗어나 밖에서 하루 이상의 생활을 하게 되면 배낭이나 가방은 반드시 필요하다. 마라톤대회에 참가하고 여행까지 즐기기 위해서는 이 장에서 얘기하고 있는 각종 대회 용품과 세면도구 등을 보관하고 옮길 도구가 있어야만 한다.

특히, 승용차 대신 대중교통을 자주 이용하는 나와 같은 참가자에게는 다용도의 적당한 크기와 용량을 갖춘 것이 절실하다.

가방도 대회 기념품으로 제법 많이 제공된다. 필수품이고, 참가자들이 선호하기 때문이 아닐까? 이것도 열 개 이상은 받았는데 내게는 너무 작거나 색상이 맘에 들지 않은 경우가 많았다. 하지만 이것들이 쉽게 닳아 금방 버리는 물건은 아니다. 두세 개만 마음에 들면 평생 사용하는 데 전혀 지장이 없다. 일반적으로 1박 2일의 짧은 기간에는 기념품으로 받은 것을 쓴다. 보다 긴 시간에 활용하기 위해 큰 배낭을 한 개 구입하였는데(3만 원), 6년쯤 되었으며, 아직도 말짱하다. 싫증이 나서 버리지 않는 한 죽는 날까지 쓰는 데도 전혀 문제는 없을 거 같다.

✒ 기타 용품

선글라스는 강렬한 햇빛으로부터 눈을 보호하기 위하여 필요한데 대부분의 대회가 주간에 차로를 코스로 이용하므로 매우 중요하게 생각된다. 그러나 바람이나 눈과 비, 날리는 먼지로부터도 보호하여준다. 내 경우에도 연습을 하거나 참가하는 거의 모든 대회에서 선글라스를 착용한다. 이것도 기념품으로 제공되는 경우가 간혹 있으며 구입한 것은 2~3만 원대 가격의 2개 정도에 불과하다.

마라톤 할 때 모자도 추위나 더위, 먼지 따위로부터 머리를 보호하기 위하여 필요하다. 흐린 날은 덜하겠지만 맑거나 햇볕이 강하게 내리쬐는 날에는 얼굴이 검게 타는 것을 막는 데 가장 유용한 방법이다. 또한, 추운 날씨에는 머리 부위의 방한(防寒)과 보온을 위하여 필수적이라 할 수 있다. 여름용이나 겨울용을 대회 기념품으로 지급하는 경우도 간혹 보았으며, 몇 개를 가지고 있다. 오직 달리면서 사용할 목적으로 모자를 구입한 경우는 아직까지 없다. 특히, 모자는 지방에서 개최하는 각종 체육 행사나 문화·예술 행사 시에 일반적인 기념품으로 제공하는 경우가 많아 차고 넘칠 정도이다.

장갑도 필수적이다. 날씨가 추운 계절에는 낮은 기온과 차가운 바람으로부터 손을 보호하기 위하여 필요하다. 반면 봄부터 가을까지는 머리와 얼굴에서 흐르는 땀을 간단하고 쉽게 닦기 위하여 매우 유용하다. 목이나 손목에 수건을 매는 경우를 자주 보기도 하지만 대부분의 선수들은 장갑을 낀다. 이것도 참가 기념품으로 많이 제공되고 있으며, 몇 개를 받아 사용하고 있다. 그러나 나로서는 춥지 않은 계절에는 실장갑을 사용하는 것이 가장 편하다. 구매 비용이 들어갔다고 할 수도 없을 정도이며, 수십 번을 사용해도 쉽게 낡아지지 않아 1년에 한두 개 정도면 해결될 듯하다.

무릎보호대를 사용해야 하는 경우도 있다. 일상생활을 하거나 연습을 무리하게 하다 다칠 때가 간혹 있다. 풀코스를 완주하기 위해서는 발목, 무릎, 허리 등 최적의 신체 조건을 갖춰야 한다. 내 경우도 특히 무릎 부상을 자주 입었다. 이건 아닌데 하면서도 뛰고 싶을 때는 보호대가 큰 도움이 된다. 2개를 구매(각 1만 원 정도)하여 가끔 사용할 때가 있다. 이것 또한 거의 반영구적으로 사용할 수 있다.

이 밖에도 겨울철에는 귀마개와 목 보온대 등이 필요한데 이것도 대회 기념품으로 많이 제공된다. 이마의 땀을 막아주는 머리띠, 손난로, 팔목 보호대 등이 지급되는 경우도 있는데 거의 사용하고 있지 않다. 나로서는 미처 생각지도 못한 기발한 용품들이 달리기 마니아들의 머릿속에서 나오는 거 같다.

6. 건강을 되찾고 유지

✒ 건강의 기준

건강의 사전적인 뜻은 "사람이 주위 환경에 계속적으로 잘 대처해나갈 수 있는 신체적·감정적·정신적·사회적 능력의 정도"로 표현되어있다(브리태니커). 하지만 건강의 기준에 대해서는 학자 등 전문가뿐만 아니라, 일반인의 관점에 따라서도 여러 가지로 다양할 것 같다. 내 나름대로 건강에 대해서도 기술할 수는 있지만 건강이라는 게 매우 전문적이고 복잡한 용어이며, 의학적·육체적·정신적 측면에서 알기 쉽게 정리한 '브리태니커'의 내용을 그대로 인용하고자 한다.

위 표현은 건강에 대한 많은 정의 가운데 하나로, 나름대로의 단점이 있다. 예를 들어 자신이 살아가는 일상적인 환경에는 잘 적응하고 있지만 남보다 허약한 사람은 심한 눈보라 뒤에 쌓인 눈을 치우다 심장마비를 일으킬 수도 있으며, 낮은 지대에 살다가 대기 속에 산소가 적은 높은 산악지대로 옮겨간 뒤 적혈구 수가 고도에 적응하여 늘어나기 전까지는 숨이 차고 빈혈이 생겨 고통받을 수도 있다. 따라서 이와 같은 정의에서 건강이라고 하는 개념은 어느 정도의 환경 변화를 고려해야 한다.

건강이 나쁘다는 것은 질병이 있다는 것이고, 건강하다는 것은 질병이 없다고 정의할 수도 있으나 갑자기 뱃멀미를 하는 사람을 보고 건강이 나쁘다고는 할 수 없으므로, 여기서 말하는 질병이란 만성병(慢性病)을 뜻한다. 오후나 저녁에는 이상이 없다가 매일 아침만 되면 구역질을 하는 임산부도 건강이 나쁘다고 할 수 없다. 실제로 건강과 질병 사이에는 다양한 정도의 차이가 있는데, 이것을 설명하기 위해 다음 몇 가지 예를 들어본다.

① 식사 후 15~20분 뒤에 혈당치가 높은 것은 생리적으로 정상이지만, 2시간이 지난 뒤에도 여전히 높으면 비정상이며 질병이 있다고 말할 수 있다.

② 건강한 사람일지라도 어릴 때 특정 물질에 대하여 알레르기 반응을 나타낸 경험이 있을 수 있는데, 그 뒤 그 항원에 접촉하지 않고 다른 모든 것도 정상이라면 그 사람은 건강한 사람이라고 할 수 있다. 그러나 그 알레르겐과 다시 접촉하게 되면 (20년이나 30년 뒤에라도) 상태에 따라 단순히 두드러기가 생기는 정도에서부터 심하면 아나필락시스성 쇼크나 혼수상태에 빠지고 심지어 죽을 수도 있다.

③ 겉으로는 건강해 보이는 사람도 상대적으로 많은 양의 술을 마셔서 혈중알코올농도가 어느 수준 이상 도달하면 행동의 변화를 보이는데, 이 상태를 '중독'되었다고 한다. 다음 날 아침까지는 그 사람을 건강하다고 할 수 없으며, 며칠이 지나야

건강이 회복된다. 자주 중독 상태에 빠지거나 매일 술을 많이 마시면 비록 행동의 변화나 중독 효과는 나타나지 않더라도 건강은 좋은 상태에서 나쁜 상태로 점차 바뀌게 되며 때로는 영원히 돌이킬 수 없게 된다. 이와 같이 비교적 쉽게 알 수 있으며 확인할 수도 있고, 쉽게 정의할 수 있는 질병과는 달리 건강은 뚜렷이 알 수도 없으며 정의하기도 어렵다.

더욱이 신체 상태와 건강은 같은 의미가 아니다. 키가 230cm나 되는 농구선수는 신체 조건은 뛰어나지만, 그가 독감에 걸렸느냐 그렇지 않느냐에 따라 건강할 수도 있고 그렇지 않을 수도 있다. 한쪽 팔이 없는 체육 교사나 색맹인 스케이트 선수, 선천적으로 눈이 먼 피아니스트는 비록 건강은 좋을지 몰라도 신체적으로 좋은 상태에 있다고 볼 수 없다. 이는 정의하기에 달려있으며, 매우 다양하다.

사람의 건강을 정의하는 데는 앞서 말한 신체적인 면 말고도 고려해야 할 다른 요소들이 있다. 신체적으로는 튼튼하며 병에도 걸리지 않고 어떠한 신체적인 곤란이나 어려움도 극복할 수 있는 사람이라도, 행동 양상을 보고 미루어 알 수 있는 그 사람의 정신상태가 건전하지 않다면 결코 건강하다고 할 수 없다. 그러면 건강한 정신이란 무엇인가? 어떤 사람은 이치에 맞게 잘할 수 있으면 정신적으로 건강하다고 하는가 하면, 다른 사람들과 같은 행동 양상을 보이는 것이 정신적으로 건강하다고 하는 주장도 있다. 또 이상적인 정신 상태와 비교하여 평가해야 한다는 주장도 있는데, 이들의 주장에 따르면 정신적인 건강은 얻을 수 있는 것이 아니라 이상적인 정신에 가까이 가는 것이라고 한다. 또 다른 사람들은 정신 건강의 기준으로 시간 경과에 따른 행동의 변화를 중요시하기도 한다.

이처럼 건강에 대한 정의가 일정하지 않으므로, 건강이 좋고 나쁘고 하는 것은 평가 당시에 해당 사람이 정상적으로 기능할 수 있는 능력과 질병이 있을 가능성에 대하여 측정 가능하고 해석 가능한 용어로 정의하는 것이 가장 유용할 것이다. 이와 같은 측정은 임상의학 서적, 진단에 관한 서적, 다른 참고 문헌에 나와있는 '정상치' 표와 비교할 수 있다. 건강을 측정하는 각종 검사는 여러 가지로 이루어져 있으며, 어떤 검사는 수량으로 나타내지 않고 기술적이어서 겉으로는 건강해 보이는 사람의 질환도 알아낼 수 있다. 이런 검사법으로는 심장질환을 검사하는 심전도(EKG) 검사, 일차적인 근육질환을 검사하는 근전도(EMG) 검사, 간 및 담낭 기능검사, 내부 장기의 질병이나 기능 이상을 알아내기 위한 기타 여러 가지 방사선과 특수검사가 있다.

검사 결과가 수치로 나타나거나 숫자로 표현될 수 있는 검사로는 혈액·소변·뇌척수액 등에 대한 각종 물리·화학 검사가 있다. 의사는 이 검사 결과를 정상치와 비교하여 피검자의 건강상태를 판단하며, 결과가 비정상일 때는 이것으로 건강을 향상시키는 데 있어 지표로 삼는다.

검사 결과를 해석하는 데 있어서 가장 큰 어려움은 생물학적 변이성인데, 대부분 검사의 정상치는 많은 사람을 대상으로 하여 측정한 평균치이거나 보정 평균치이다. 따라서 이런 평균치가 유용하기 위해서는(흔히 정상치라고 하기보다는 표준치라고 함) 이 값이 95% 범위의 중심 근처에 있다고 생각해야 한다. 즉 정상 범위 또는 정상치의 아래·위 한계치까지의 범위라고 보아야 한다. 따라서 정상 범위 95%보다 낮은 2.5%와 높은 2.5%에 속할 때는 비정상 또는 병이 있다고 보아야 한다.

예를 들어 혈압은 정상범위가 상당히 넓어서, 운동을 하든가 놀라거나 화를 낼 때 등 하루에도 변화가 심하지만 대부분은 정상범위에 속한다. 반대로 정상 범위가 상당히 좁은 것은 생리적으로 일정하다고 할 수 있는데 예를 들어 체온은 한 곳에서 여러 번 측정했을 때, 감염이나 다른 질환이 없는 경우에는 1℃ 이상 변하지 않는다.

◆ 최악의 건강상태를 극복하기 위해 선택

마라톤에 관심을 가지기 시작한 것은 마흔 살이던 2001년 1월경부터이다. 그때까지는 건강을 생각하고, 직장 내 직원들과의 업무 외적인 소통과 인간관계의 폭을 넓히기 위하여 테니스클럽 회원으로 10여 년 넘게 활동하던 시기였다. 그러나 운동 능력이 없고, 남들처럼 크게 흥미를 느끼지도 않았으며, 많은 업무 등을 핑계로 거의 테니스는 하지 못했다. 평균 매월 2~3회 정도 라켓을 잡았으므로 테니스한다고 말하기도 민망할 정도였으나 음식과 술을 준비하는 월례회 때에는 거의 빠지지 않고 참석하였다.

7급 때는 총무과 시정계, 6급으로 승진한 뒤에는 청소관리계장과 환경관리계장으로서 맡은 일도 바빴지만, 사람 만나고 술 마시는 것에 푹 빠져있었다. 업무와 술로 인한 스트레스는 날이 갈수록 쌓여갈 수밖에 없었다. 식사를 제대로 하지 못하므로 영양 상태는 나빠졌고, 공휴일에도 일 때문에 충분히 쉬지 못하는 날이 많아 운동과는 멀어지는 게 당연한 일이 되었다. 건강검진 결과 간의 수치는 올라가고, 위염과 십이지장염도 종종 발견되었다. 남들이 즐겨 하는 등산조차도 좋아하지 않았지만, 간혹 직장 동료나 친구들과 산행을 하게 되면 그런대로 오르기는 하였으나 내려올 때는 게걸음을 하거나 뒤로 걸을 정도로 발목, 무릎, 엉덩이뼈 등의 상태가 좋지 않았다.

또한, 한국 남성 중 건강이 가장 위험하다는 40대에 접어들기도 전부터 간암, 위암 등으로 직장 동료들이 쓰러지고 결국에는 생을 마감하는 모습을 자주 보게 되었다. '이러다가는 나도 저렇게 될 수 있다. 건강을 자신하고 있지만, 상태는 상당히 나쁜 게 사실이다.'라고 심각하게 깨닫게 되었고, 내 몸과 여건에 맞는 운동을 찾아보기 시작했다. 만들어낼 수 있는 시간과 활용 가능한 시간대, 내가 선택할 수 있는 스포츠 종목, 운동을 준비하고 실시하는 과정에서의 소요 경비, 운동의 난이도와 기대 효과 등에 대하여 몇 달간 분석하였다. 마침내 2002년 1월 초에 최종적으로 선택하게 된 것이 마라톤(걷기, 달리기)이다.

2002년 1월 초부터 온라인의 마라톤 웹 사이트를 찾아다니면서 마라톤에 대한 정보를 찾아 공부하기 시작했다. 또한, 얻은 정보를 시 홈페이지에 올려 직원들과 공유하고, 언제인가 '동해시청 마라톤 클럽'을 만들 것을 공표하면서 뜻을 같이하는 동조자들을 찾기 시작하였다. 처음에는 전혀 반응이 없었지만, 시간이 지나갈수록 한 명씩 늘어나면서 6월에는 20여 명 가까이 된다. 나와 같이 건강과 마라톤에 대한 관심을 가지고 있는 직원들이 많다는 사실에 깜짝 놀랐다. 적절한 시기에 방향을 잘 잡았다는 뿌듯한 마음도 들었으며, 미처 상상도 하지 못한 일이 실현된 것이다. 새로운 스포츠클럽의 조직을 염두에 두고 시작했기 때문에 회칙도 만드는 등 보다 더 열정을 쏟아 마침내 7월 25일 26명으로서 '동해시청 마라톤 클럽(달리는 동해인 모임)' 창립총회를 갖게 되었다.

♪ 마라톤을 시작한 뒤 건강 등의 변화

정신적, 육체적으로 훨씬 더 건강해졌다고 확실하고도 자랑스럽게 얘기할 수 있다. 앞으로 글을 엮어가는 가운데 계속 말해야 하므로 중복될 것 같기 때문에 여기에서는 최대한 간략하게 적고자 한다. 먼저 정신적으로는 직장과 업무, 가정과 가족, 사회생활과 인간관계로부터 발생하는 스트레스를 해소할 수 있는 유용한 수단이 되었다. 이전까지는 술에 크게 의존하면서 스트레스를 풀기보다는 오히려 건강과 인간관계를 나쁘게 만들었는데, 달리기 위해 술을 자제하고 뜀으로써 긴장이 새롭게 풀리는 것을 몸으로써 느꼈기 때문이다.

둘째는 은근과 끈기의 마음이 강해졌다는 것이다. 가정에서는 아내와 아이들, 직장에서는 상사와 동료 및 부하직원들로부터 많은 갈등을 겪게 마련이다. 어데 이것뿐인가? 공직자로서 민원인은 물론, 사회생활을 하면서 만나게 되는 사람들로부터도 많은 갈등은 발생할 수밖에 없다. 일이 제대로 풀리지 않을 때는 참는다고 애를 썼음에도 불구하고 불평하며 투쟁적이었던 경우가 많았다. 좀 더 참고 기다리기보다는 즉각적으로 반응한 것이다. 그러나 이 운동을 시작하고, 그 매력에 빠져 5km를 시작으로 풀코스 완주까지 하면서 마라톤에 몰입하게 된 이후로는 기다리며 보다 더 오래 참을 수 있게 된 것이다. 따라서 어쩔 수 없이 맞닥뜨리게 되는 불편한 상대방과의 마찰과 갈등은 줄어들고 있다.

셋째는 생각이 긍정적으로 바뀌어졌다. 달리는 것과 긍정의 마음과 무슨 관계가 있을까 하는 의문을 가질 수도 있다. 마라토너가 짧게는 5km, 길게는 42km를 뛰면서 무슨 생각을 할까? 참가하는 모든 개인이 저마다의 배경과 목표를 가지고 있을 것이다. 내 경우에는 평상시 직장과 일상생활을 하는 과정에서의 반성할 점을 되돌아보고 보다 나은 방향으로 개선할 의지를 다진다. 여러 갈등의 원인을 생각해보고 남보다는 '내 탓'으로 돌리는 마음을 갖기 위해 애쓴다. 슬픈 일, 힘든 일, 마음 상하는 일 등 부정적인 것은 될 수 있는 한 긍정적인 방향으로 받아들이기 위해 노력한다.

넷째는 인내심이 많이 길러졌다. "참을 인(忍) 자 세 번만 떠올리면 살인도 피할 수 있다."라는 말이 있다. 사회생활을 해나감에 있어 인내심의 중요함과 가치를 짧게 표현한 말로 생각한다. 나 또한 지극히 평범한 소시민이기에 성미가 급하고 이로 인하여 가족은 물론, 주위의 많은 사람과의 관계에서 싸움에까지 이르는 경우가 많았다. 어떻게 해서든지 수습은 하게 되지만, 이때마다 참을성이 없음을 후회하고 나 스스로에 대하여 크게 실망한 적이 많다. 또한, 자동차의 진화에 따른 속도의 향상을 비롯하여 고속철도와 항공기 등은 얼마나 빨라졌는가?

도로 폭을 넓히고, 직선화시키면서 거리는 단축되고 시간은 빨라졌다. 생활 속에서 가장 밀접하고도 중요하다고 할 수 있는 인터넷과 휴대폰의 기능 향상과 빠른 속도는 사람들의 성격을 더 급하게 만들었으며, 나도 예외는 아니다. 마라톤을 하면서 가장 달라졌으며, 가장 크게 효과를 본 것은 인내심 기르기라고 할 수도 있겠다. 예전보다 확연하게 달라졌음을 나 스스로도 느끼지만, 가족이나 주위 분들로부터도 자주 듣는다.

다음 육체적으로는 체력이 여러 면에서 강화되었다. 등산도 제대로 하지 못하던 놈이 이제는 동료 등산 마니아보다 더 잘 오르고 내려온다. 테니스 몇 게임하면 초죽음 되던 놈이 4~5시간 정도를 거뜬하게 뛰니 달리기를 시작하기 전에는 미처 상상하지도 못한 변화다. 운동하지 않아 물렁물렁하던 온몸의 살은 근육으로 바뀌어 제법 탱탱해졌다. 몸을 햇볕에 드러내고 운동을 하지 못해 멀겋던 피부는 갈색으로 변해 조금은 건강미를 갖췄다고 내세울 수 있다. 175cm의 키에 65~67kg의 몸무게로 표준체중이라는 평가를 받았다. 달린 이후로는 계속 줄어 뛰는 정도에 따라 차이는 있지만 59~62kg 사이를 오르내린다. 가족이나 직원들로부터 너무 "비쩍 말랐다."라는 얘기를 간혹 듣지만, 몸이 가뿐하고 좋다.

  책상에 오래 앉아 근무하는 사람들의 공통된 현상이지만 좀 더 심한 허리 통증(디스크 증상)으로 불편함을 느껴왔는데, 이것도 많이 완화되었다. 허리가 강화된 것인데 열심히 달리면 덜하고, 게으름을 피우면 통증은 더 심해진다. 사람들 만나 술 마시는 것을 좋아하는데, 나이가 늘어나는 것에 비하면 아직도 꽤 빡세다는 말을 가끔 듣고 있다. 음주 다음 날 버티고 회복하는 능력조차 나아졌음을 느끼는 데, 이것을 바람직한 현상이라고 하기는 어째 이상하다 싶다.

  50~60대도 거의 무사히 넘기고, 이제는 70대를 향해 달려가고 있다. 건강을 가장 많이 해칠 수 있는 나이이기에 건강에 대한 관심 또한 대단히 높을 수밖에 없다. 부부 갈등, 자녀의 교육과 결혼,

소득과 재산 형성, 노후 대책, 사회적 지위, 직장에서의 업무로 인한 조직 구성원과의 갈등, 다양한 인간관계에서 벌어지는 갈등 등 극심한 스트레스를 받을 일은 너무나도 많다.

술은 가깝고, 마라톤은 멀고 힘들다. 술을 좋아하는 나로서는 술로 스트레스를 푸는 게 지극히 당연할 수밖에 없다. 이에 따라 간장 질환, 위장 질환, 알코올성 치매, 기억력 감퇴 등 여러 가지의 건강 위협 요소에서 자유로울 수 없다. 술을 안 마시거나 적당히 마시면 해결되므로 그렇게 하지 못한 내가 어리석다고 할 수 있다.

그러나 남들처럼 건강하고 싶고 걱정되므로, 위내시경과 간 기능 검사를 매년 또는 한 해 걸러 1~2회씩 정기적으로 받아오고 있다. 마라톤을 시작한 이후로는 특정 검사 항목에서 좋지 않다고는 하지만 투약하거나 치료 권유 등을 받은 적이 거의 없다. 잘못 진단할 수도 있겠지만 믿고 싶은 게 내 심정이고, 아직까지 몸에 별다른 이상이 있음을 느껴본 적도 별로 없다. 또한, 만취해서 넘어져 크게 다치거나 교통사고 또는 강도 등 여러 가지의 위험을 당할 수도 있지만 아직까지는 없다. 이것도 마라톤으로 정신력과 체력을 강화시킨 까닭이라고 믿고 싶다. 내 경우로 한정해서 정신적·육체적으로 달라진 점을 간략하게 몇 가지로 정리했는데, 이 밖에도 여러 가지의 좋은 점이 있을 것으로 판단한다.

✒ 건강을 되찾고 지키는 사람들

 마라톤을 시작한 이후 건강을 되찾은 사람들의 얘기는 매우 많다. 마라톤 참가기(출전기), 완주기 등을 간혹 읽다 보면 자주 보게 되는 내용이다. 나도 건강이 좋지 않은 상태에서 건강해지고 싶어 시작한 운동이지만, 동병상련(同病相憐: 같은 병을 앓는 사람끼리 서로 가엾게 여긴다는 뜻으로 어려운 처지에 있는 사람끼리 서로 동정하고 도움)의 마음을 느끼게 된다. 이곳에서는 언론이나 책자 등에 게재된 몇 가지의 사례를 요약해서 소개하고자 한다.

 사례 1 **마라톤으로 살 빼고, 스트레스 풀고, 자신감도 되찾아**

 키는 168cm에 몸무게가 94kg에 달해 땀나는 여름이 무척 귀찮은 계절이었다. 살을 빼기 위해 수영이나 다이어트도 해봤지만 별다른 효험이 없었다. 2001년에 마라톤을 시작했으며 불과 1년여 만에 20kg의 살을 빼는 데 성공했고, 여름도 너무 좋게만 느껴졌다. 마라톤 경력 3년에 접어든 요즘 주 3일 정도 30분 이상 뛰고 있어 풀코스를 완주할 수 있는 최상의 몸 상태를 유지하고 있다. 자신과의 치열한 싸움을 벌여야 하는 마라톤에서 나를 통제할 능력도 배우고 일상생활에서 축적됐던 스트레스도 해소되는 기쁨을 얻게 됐다. 모든 일에 자신감을 되찾았고, 덤으로 감기 등 웬만한 잔병치레를 하지 않을 뿐만 아니라 살까지 빼는 부수입까지 챙기게 된 것이다. 또한, 전국 마라톤 대회에 참가하니 건강 및 여행까지 즐기는 등의 풍요로운 인생을 살게 됐다. 건강과 즐거운 인생을 신발 한 켤레와 운동복만 갖추면 언제 어디서든 할 수 있는 마라톤에서 즐기고 있다.

- 출처: 2003. 2. 20., 『경남도민일보』, 3.13 마라톤클럽 이재환

사례 2 암, 마라톤으로 이겨내

2003년 직장암 선고를 받고 긴 투병 생활에 들어간 양지면 평창리의 한정숙(52) 씨는 암과 마라톤의 닮은 점이 있다면 '기나긴 자신과의 싸움'이라고 한다.

2006년 하반기에 동네 이웃들의 권유로 5km에 도전했으며, 2년이 안 되는 기간 동안 풀코스 완주 2번, 전국 마라톤 대회에 16번 출전하였다. "암을 선고받기 전에는 운동이라곤 아무것도 하지도 않았고 할 생각도 없었는데 건강을 잃고 난 후 건강에 대한 소중함을 절실히 느끼며 마라톤을 시작했습니다. 마라톤이라는 것이 물론 기록을 위해 뛰는 사람들도 있지만, 나는 건강을 위해 뛰고 또 뜁니다. 나와 같이 암 선고를 받은 많은 사람이 달리는 것 하나로도 건강한 삶을 찾을 수 있다는 것을 알았으면 합니다."라고 한다. 한 씨를 처음 보는 사람이라면 누구나 암과의 투병 생활을 견뎌냈을 것이라는 생각은 하지 못한다. 50대이지만 건강한 구릿빛 피부를 지니고 있고, 또한 30대 같은 늘씬한 몸매도 자랑하고 있다. 단순히 건강을 위해 시작한 마라톤이 한 씨의 인생을 바꿔놓았다.

- 출처: 2008. 7. 15., "암, 마라톤으로 이겨냈습니다." (후코이단)

사례 3 달리기로 건강… 살기 위해 뛰었다

 위암 수술 후 마라톤 입문한 박채락·채강석 씨, 수술 후유증 다 털어내고 이젠 밤샘근무도 거뜬. "죽고 싶을 만큼 힘들었지만 우린 살기 위해 뛰었다." 박채락(45·영덕군청 건설계장) 씨와 채강석(43·서울 성북경찰서) 씨는 사는 곳도 일터도 다르다. 24일 춘천에서 처음 만났지만 금세 친해졌다. 위암을 이겨내고 마라톤으로 건강을 되찾은 공통의 경험 덕분이다. 공무원인 박 씨는 2004년 위암 진단을 받았으나 초기에 발견해 수술이 가능했다. 3년 동안 영덕과 서울을 오가며 치료받았다. 그때 신촌 세브란스병원의 담당 의사가 마라톤을 추천했다. 2년 전 마라톤에 입문해 하프 마라톤을 6회 완주하고 2010년 조선일보 풀코스에 처음 도전했다. "살려고 마라톤을 시작했다. 체력적으로 힘든 건 힘든 것도 아니다."라고 했다. 박 씨의 딸은 "도전한 것도 대단한데 끝까지 뛰어 너무 자랑스럽다."라고 했다.

 인천지방경찰청 소속이던 채 씨는 1996년 12월 위암 판정을 받고 수술대에 올랐다. 수술은 성공적이었지만 의사들이 모두 "더 이상 경찰 업무는 무리"라고 했다. 천직이라 여겨온 경찰관 생활을 더 이상 할 수 없다는 말에 앞이 캄캄했다. 휴직 기간 동료의 권유로 마라톤을 시작했다. 건강을 되찾아 경찰서에 복귀하겠다는 의지만으로 뛰었다. 그러다 마라톤이 주는 성취감과 재미에 푹 빠져

버렸다. 인천마라톤부터 시작해 풀코스 완주만 13번이다. 주변에선 이제 "마라톤 뛰다 심장마비로 죽은 사람도 있다."라고 걱정하기 시작했다. 채 씨는 "교통사고로도 매년 2만 명 죽는데 운전 못하냐?"라고 되받았다. 1998년 복직 후 내근 부서에 주로 있다가 2007년에는 성북경찰서 지구대로 옮겨갔다. 마라톤의 힘은 위대했다. 그는 다른 경찰관들과 똑같이 밤샘근무하고 순찰도 나가는 등 정상적인 삶을 찾았다. 이번이 6번째 춘천마라톤 출전인 채 씨는 기록 면에서도 경찰서 동료 7명 중에서 단연 1등이었다.

- 출처: 2010. 10. 25., 『조선일보』 박승혁 기자

사례 4 달리기가 준 자신감…'9988'도 어렵지 않아요

"왜 조금만 달려도 숨이 차고 뛰기 싫어지죠?"

새벽 5시 반부터 이미 1시간 이상 한강 고수부지를 달려 이마에 땀이 송골송골 난 마라톤 고수에게 묻고 싶은 말이었다. 직업은 외과 의사. 이미 마라톤 풀코스를 150여 차례 달린 초절정 아마추어 마라톤 고수이다. "달리면 운동 근육에 혈액 공급이 집중되면서 콩팥으로 가는 내장 혈관이 수축되고, 체내 젖산이 축적됩니다. 그러면 혈액은 산성화되면서 호흡이 곤란해지는 것입니다." 아주 의학적이다. 그래서 또 물었다.

"계속 달리면 그런 고통이 조금씩 사라지는 이유는 무엇인가요?"

"계속 달리면 땀이 납니다. 그 땀은 혈액 내 축적된 젖산을 배출

시킵니다. 그래서 혈액 내 젖산 농도가 감소합니다. 호흡은 순조로워지고 피로감도 사라집니다. 땀을 흘리며 운동하면 컨디션이 좋아지는 이유입니다." 명쾌하다. 그의 답이 명쾌한 만큼 달리는 모습도 가볍기만 하다.

1952년생이니 환갑도 지난 나이. '달리는 의사회' 이동윤(61) 회장의 종아리를 보는 것은 차라리 유쾌하다. 마치 팔팔한 생선 두 마리가 그 속에서 살아 움직이는 것 같다.

여명의 한강 고수부지는 그의 놀이터. 일주일에 4~5차례씩 두 시간 정도 내달린다. 하루에 뛰는 거리는 약 15㎞. 거의 매일 하프 마라톤을 하는 셈이다. 한강을 따라 뛰기도 하고, 다리를 건너 남산을 한 바퀴 돌아오기도 한다. 그리고 봄가을엔 일요일에 열리는 각종 마라톤 대회에 20여 차례 출전한다. 군의관으로 근무하다가 대령으로 예편한 그가 개인 병원을 차린 것이 지난 95년. 그때부터 18년 동안 그는 한결같이 달렸다.

얼마나 달렸을까? 하루 15㎞씩 일주일에 네 차례, 18년간 달린 거리에다, 풀코스 출전 150차례를 더하니 약 7만8000㎞. 그 거리면 서울~부산을 200여 차례 왕복했고, 지구를 거의 두 번 뛰어서 돈 거리이다. 당연히 물어봐야 했다. "무릎 연골은 괜찮나요?", "아프면 뛸 수 있나요? 용불용설이 적용됩니다. 많이 쓸수록 단련되고 강해집니다." 다시 물었다. "무릎 연골은 닳으면 재생이 안 된다는데요?" 마라톤 고수는 살짝 웃으면서 대답한다. "신체가 적응

되면 고장이 안 납니다. 몸을 만들고 체력을 끌어올리면서 달려야 합니다. 이제 걸음마를 하는 아이가 뛸 수 없듯이, 마라톤 입문자가 선수처럼 뛰려니까 부상이 오는 겁니다." 내친김에 풀코스 최고 기록을 물어보았다. "글쎄요. 3시간 7분쯤." 3시간 7분 몇 초인지는 기억이 안 난다고 한다. "그럼 풀코스는 모두 몇 차례 완주했나요?" 또 돌아오는 대답은 "글쎄, 한 150차례 정도." 그제야 깨달았다. 고수는 자신의 정확한 기록이나 완주 횟수를 그다지 중요하게 여기지 않는다는 것을.

처음엔 의사 생활을 하며 쌓이는 스트레스를 풀기 위해 달렸다. 대학 산악부에 들어가 등산에 빠졌다. 한때는 산악 마라톤에도 도전했다. 그러나 산악 마라톤은 무릎에 무리가 많이 느껴져 포기했다. 처음 마라톤 대회에 도전한 것은 1997년 춘천마라톤. 그 당시는 풀코스 참가자가 500명 정도였다. 수만 명이 참가하는 지금과는 격세지감. 제대로 준비도 안 했다. 겁 없이 풀코스에 도전한 것이다. 반환점까지는 시원하게 뛰었다. 그다음은 뛰다가 걷다가 했다. 그래도 첫 기록은 3시간 37분. 첫 출전에 서브-4는 물론이고, 3시간 중반의 좋은 기록을 세웠다. 곧 마라톤이 생활의 일부가 됐다.

마라톤 동호인 사이트에 글을 써 달림이들의 조언자가 됐다. 달리면서 발생하는 각종 부상에 대한 처치와 예방에 대해 글을 썼다. 전국의 달림이들이 그에게 매달렸다. 2000년에는 전국의 달리는 의사를 불러모아 '달리는 의사회'를 만들었다. 마라톤 대회에서 발생하는 사고를 줄이기 위해, 대회에 출전해 응급 상황에서 의사의 역할을 하는 것이다. 하프 마라톤 이상 달린 경력이 있는 의사 회원만 800여 명.

그 역시 마라톤 주로에서 응급환자를 처치한 적이 몇 차례 있다. "서울 시내를 관통하는 대회였어요. 출발한 뒤 15㎞ 지점에서 한 남성 출전자가 의식을 잃고 쓰러져 있었어요. 응급조치를 했지만 의식은 돌아오지 않았고, 구급차를 불렀어요. 그런데 구급차가 30분이 지나서야 왔어요. 그동안 저도 뛰지도 못하고 발만 동동 굴러야 했어요. 결국 그 환자는…." 그의 표정에 찬바람이 돈다. "국내 모든 마라톤 대회는 예산을 절감하기 위해 응급조처를 외면하고 있어요." 마라톤을 하다 쓰러지면 4분 이내에 응급조처를 해야 살아난다고 말하는 그에게 반문했다. "선진국은 그런 시스템을 갖추고 하나요?", "안전한 마라톤 대회를 위해서는 1㎞마다 심장충격기를 갖춘 구급요원이 대기해야 하고, 5㎞마다 구급차가 배치돼야 합니다. 미국은 물론 일본에서도 이런 응급조처를 준비하고 마라톤 대회를 합니다. 그런데 한국에서 그런 준비를 한 대회는 없어요. 안전 무방비인 셈이죠."

― 출처: 2013. 9. 3. 『한겨레신문』

사례 5 노인건강 마라톤으로 관리할 수 있다고?

마라톤을 125회나 완주한 베테랑 마라토너가 있다. 40세 나이에 쉽지 않게 달리기를 시작했지만, 퇴보의 기미는 보이지 않는다. 지금 60대인 그는 450회의 윗몸일으키기 60회의 팔굽혀 펴기, 그리고 한 시간 동안의 달리기를 한다. 노인인데 아주 건강한 사람이다.

캘리포니아 실비치에 살고 있는 그 사람은 그곳에 55~90세까지의 사람들로 달리기 모임을 만들었다. 그는 롱비치 마라톤 대회에 참석하는 30대들을 위해 4개월 동안 코치를 맡기도 했다. 그는 이제 지역에서 마라톤 권위자가 되었을 뿐만 아니라 달리기에 기여한 그의 공로를 인정받아 상을 받기도 하였다.

그 사람은 이렇게 이야기한다. "운동을 하면 더 젊어지고 기분이 아주 좋아진다. 운동을 시작하기에 늦은 나이란 없다. 누구라도 운동을 통해 자신의 라이프 스타일이나 삶 자체를 바꿀 수 있다." 우선 규칙적인 걷기부터 시작해야 한다. 누구든지 다 할 수 있다! 마음가짐이 중요!

- 출처: 2013. 10. 21. Fighting! 재미있는 이야기

7. 술과 담배, 마라톤과 건강

✒ 술은 무엇인가

먼저 술이 대체 뭔지 먼저 알아봐야겠다. 아래의 내용은 '네이버 지식백과(두산백과)'에서 술에 관해 기술한 글이다.

알코올이 함유되어있어 마시면 취하게 되는 음료의 총칭. 취하게 만드는 요소는 술 속의 에틸알코올이므로, 성분으로는 알코올 함량의 최저한도로써 다른 음료와 구별한다. 그 양은 0.5~1%로서 나라에 따라 다르지만, 한국의 주세법상으로는 알코올분 1도 이상의 음료를 말한다.

술의 기원은 심산(深山: 깊고 험한 산)의 원숭이가 빚은 술이 곧잘 예화로 등장한다. 나뭇가지가 갈라진 곳이나 바위가 움푹 팬 곳에 저장해둔 과실이 우발적으로 발효한 것을 먹어본 결과 맛이 좋았으므로 의식적으로 만들었을 것이라는 설이다. 과실이나 벌꿀과 같은 당분을 함유하는 액체는 공기 중에서 효모가 들어가 자연적으로 발효하여 알코올을 함유하는 액체가 된다.

인류의 발달사의 측면에서 보면, 수렵시대에는 과실주가 만들어지고 유목시대에는 가축의 젖으로 젖술이 만들어졌으며, 농경시대부터 곡류를 원료로 한 곡주가 빚어지기 시작하였을 것이다. 따라서 포도주와 같은 과실주는 인류의 역사와 더불어 오래전부터 있었을 것이다. 청주나 맥주와 같은 녹말질인 곡류의 양조주는 정착 농경이 시작되어 녹말을 당화시키는 기법이 개발된 후에 만들어졌다고 생각된다.

이집트의 맥주 양조에 대한 유적은 BC 3000년경에 이미 있었고, BC 1500년경 제5왕조의 묘 속에는 비교적 상세한 맥주 제조의 기록이 보존되어있다. 현재와 같은 맥주는 8세기에 이르러 중부 유럽에서 홉(hop) 재배가 시작되면서 만들어졌다. 스코틀랜드나 아일랜드의 위스키와 북유럽 각지의 화주(火酒: 불을 붙이면 탈 수 있을 만큼 알코올 도수가 아주 높은 술)는 어느 것이나 16세기경 증류 기술이 보급되면서 만들어진 것이다.

당화법으로 가장 원시적인 것은 아마도 침의 당화 효소를 이용해서 술을 빚은 방법이었는데, 밥을 씹어서 술을 빚는 구작주(口嚼酒)가 이렇게 빚는 술이다. 이 제법은 중남미·아프리카의 일부와 남양군도·타이완 등지에 근대까지 잔존했다는 기록이 있다. 이집트와 메소포타미아에서 처음 제조되어 유럽에 널리 퍼진 맥주와 위스키의 양조는 당화법으로 제조되는데, 모두 맥아(麦芽: 엿기름)의 효소가 발효 작용을 하는 것이다. 이에 비해 중국의 노주·화주·청주·소주 등은 모두 누룩이라는 곰팡이 당화 효소를 써서 빚는다. 중국의 양조법은 6세기 중엽에 쓴 『제민요술』에 상세히 기록되어있으며, 현재의 양조법과 큰 차이가 없을 만큼 이미 발달한 것이었다.

한국의 술의 역사는 정확하게 추정하기가 어렵고, 어떤 방법으로 술이 처음 제조되었는지 그 기원을 파악하지 못하고 있다. 다만 한국의 문화가 중국의 문화권에서 파생 전래되어 왔음을 상기하고, 술의 유래도 중국에서 연유한 것으로 추측하고 있다. 특히 고구려의 역사가 중국과의 투쟁사로 이루어지므로 그 가운데에서 술에 관한 이야기와 양조법이 전래된 것으로 보고 있다.

그러나 최초로 한국 역사에 술에 관한 이야기가 기록된 것은 『고삼국사기』로서, 고구려를 세운 주몽(동명왕)의 건국담 중에 술에 관한 이야기가 나온다. 즉, 천제의 아들 해모수가 능신연못가에서 하백의 세 자매를 취하려 할 때 미리 술을 마련해놓고 먹여서 취하게 한 다음, 수궁으로 들어가지 못하게 하고 세 처녀 중에서 큰딸 유화와 인연을 맺어 주몽을 낳았다는 설이 있고 보면, 물론 이것은 설화에 속하는 것이지만, 한국의 술의 내력도 오래되었다는 것을 짐작할 수 있다.

한편 일본의 『고지키(古事記)』란 책에는 270~310년 오진 천황 때 백제의 '인번'이란 사람이 새로운 방법으로 희한한 술을 빚어서 세상에 선보였기 때문에 후세에 그를 주신으로 모셨다는 기록이 있다. 또한, 한국 사람인 증보리 형제가 새술의 창시자로 이름을 떨쳤다는 기록도 있다. 새술이란 것이 누룩을 써서 만든 것이 아닌가 생각되며, 이로 미루어 보아 한국에서 누룩을 이용한 양조법이 삼국시대 이전에 이미 있었던 것으로 추측된다.

그 후 고려 시대로 내려오면서 차차 술의 종류에 대한 기록을 『계림유사』 등에서 찾아볼 수 있다. 또 당대의 풍류객으로 유명한 이규보의 글 가운데 소개된 술 종류로는 이화주·자주·백주·방문주·춘주·천일주·화주(花酒: 꽃잎을 넣어 담근 술)·녹파주·파파주·천금주·초화주 등이 있다. 여기 나열된 술들은 당시의 유명한 명주(銘酒: 독특한 제조법으로 빚어 고유한 상표를 붙인 좋은 술)인데, 탁주·청주와 소주류도 포함되어있는 것 같다. 이렇게 등장한 소주가 그 이전부터 있었던 탁주·청주와 더불어 오늘에 이르기까지 주종을 이루게 된다.

✒ 담배는 또 무엇

이제는 담배에 대하여 알아보자. 아랫글은 '나무 위키'에서 담배에 관해 기술한 것이다. 담배는 마약성 기호품의 한 종류로, 북아메리카 원산의 가지과 식물인 담배 연초, 혹은 그것을 가공하고 특수 처리를 하여 만든 상품을 총칭하는 단어이다. 다만 기호품으로서의 '담배'는 원료인 식물이 아닌 가공된 것만을 이르는데, 대한민국 「담배사업법」에서 "담배란 연초의 잎을 원료의 전부 또는 일부로 하여 피우거나, 빨거나, 증기로 흡입하거나, 씹거나, 냄새 맡기에 적합한 상태로 제조한 것을 말한다."라고 되어있다.

담배라는 명칭은 신항로 개척 시대, 원산지인 남미에서 담배를 처음 들여와 이베리아 반도 일대 주민들이 지칭하던 이름이 수입된 것으로, 스페인어와 포르투갈어로 담배 파이프를 부르는 '타바코(tabaco)'가 포르투갈과 교역하던 전국시대 일본에 소개된 후, 다시 임진왜란을 전후하여 한반도에 상륙하면서 '담바고'로 음역된 것에서 유래한다. 영어 '토바코(tobacco)' 역시 어원이 같으나, 영미권에서는 스모그(smoke)나 시가렛(cigarette)이라는 단어가 더 보편적이다. 이 밖에 담배의 별칭으로는 구름과자 등이 있고, 영어 속어로는 다트(Dart), 보기(Bogie), 스토기(Stogie) 등이 있다.

담배가 마약이라는 것은 단지 금연 운동을 위한 비유가 아니라, 실제로 세계보건기구에서 지정한 마약이다. 법적으로는 기호식품의 일종으로 취급되는 물건이기는 하나 의학적으로나 학술적으로도 엄연히 마약류로 분류된다. 단지 대마초 같은 일부 마약들의 경우 합법인 나라와 불법인 나라로 나뉘어 있지만, 담배는 불법인 나라가 거의 없다는 것이 차이이다. 마약임이 분명한 담배가 통용되는 가장 큰 이유는 전통적인 기호품 산업이기 때문으로, 이미 일상적으로 깊게 뿌리내려 있어 완벽하게 근절하는 것이 불가능에 가까우며, 관련 산업도 국가 재원에 적지 않은 부분을 담당할 만큼 성장했기 때문이다. 따라서 대부분의 국가가 할 수 있는 것은 '금지하지는 않되, 높은 세금을 물리며, 권유하지 않고 금연을 지원한다'는 것으로 대한민국의 경우도 이에 해당한다.

법적으로 19세가 되는 해부터 구매할 수 있도록 하고 있으나 청소년 때부터 담배를 처음 접한 후로 어린 나이에 골초가 되기도 한다. 술과 함께 비행 청소년의 상징이기도 하다. 한편, 말년이나 노년에 접어드는 시기인 60, 70대 이상이 되어도 사람에 따라서는 담배를 접하는 것이 더 늘어나는 경우가 있는 것으로 알려졌다. 이러한 이유로는 늙으면 고독하고 할 일도 없을 뿐 아니라 친하던 벗들이나 지인들 일부도 저세상으로 가버렸다는 통탄함과 일생도 짧아진다는 비극 등을 한탄하며 그것을 달래기 위해 담배를 피운다는 의견도 있다.

KT&G의 주 수입원이며, 한국뿐만이 아닌 대부분의 국가에서 전매 역사가 오래된 물품이라 금주법이 계속될 수 없는 것처럼 금지하는 국가가 거의 없다. 그러나 국민의 보건을 위하여 선진국에서는 점진적인 규제를 통한 금연을 권장하고, 담뱃값을 올리거나 흡연법, 흡연 장소에 대한 패널티를 부과하는 등 흡연자 인구를 점차 줄이는 방향으로 정책을 펴고 있다. 담배가 법으로 금지된 나라는 2004년 이래의 부탄이 있으며, 뉴질랜드 보건부와 아일랜드 보건부도 2025년까지 금연 국가 달성을 목표로 하고 있다. 홍콩은 2007년 도시 전체를 '완전 금연 도시'로 선포했다.

허브 담배(Herbal cigarette)라는 것도 있는데, 진짜 담뱃잎이 아니라 허브 등 각종 식물 재료로 만드는 것이다. 재료는 민트, 레몬 그라스, 계피, 클로버 잎, 장미 꽃잎 등 다양하다. 담배, 대마초, 아편과 달리 딱히 중독성 있는 물질이 다량 함유되지는 않으므로,

니코틴 중독증에 시달리는 골초들한테는 거의 의미가 없다. 말 그대로 그냥 담배 피우는 기분만 내는 거다. 그렇다고 건강에 나쁘지 않다는 건 아니다. 애초에 식물 태우는 연기를 들이마시는 거라 호흡기에 손상을 입히는 건 매한가지다. 이걸 일부러 찾아 태우는 사람은 거의 없고, 비흡연자 배우들이 담배를 피우는 장면을 촬영해야 하는 상황이나, 전쟁이나 재난 등 극한 상황에서 담배의 대용품이 된다.

전쟁 등 대규모의 재난 상황은 인간의 공포심을 자극하며 심리적으로도 불안감을 평소의 몇십 배 이상 증폭시키게 된다. 이럴 때일수록 인간은 의존감이 커지며 특히 담배와 주류에 대한 의존감이 매우 커지게 된다. 중독으로 공포심과 불안감을 떨쳐내기 위한 도피 심리가 크게 작용한다. 그래서 전시에는 평시보다 마약류의 소비량이 늘지만, 전쟁이 끝나거나 파견 나온 군인의 경우 집에 돌아가면 마약을 끊는 경우가 많다. 대한민국 국군에서도 2009년까지는 보급용 담배가 지급되었던 적이 있다. 미국도 해외로 파견 나간 미군이 모르핀이나 암페타민 같은 마약에 찌들었다는 소식에 겁먹었다가 종전 후 멀쩡해지는 것을 보고 안심했던 시절이 있는데, 전문가들은 이를 두고 '중독의 가장 큰 치료법은 약물이나 재활치료가 아니라 생활 환경(전시상태)의 변화(평화상태)다.'라고 결론지었다. 다시 말해, 모르핀이나 담배 같은 마약에 의존하게 되는 원인은 약물 그 자체의 중독성보다는 그 사람이 처한 상황으로부터 받는 지속적인 스트레스 때문이라는 것이다.

소설 「학」에도 호박잎 담배를 피웠다는 이야기가 나오고, 「흥부전」에도 흥부가 담배 대신 옥수수잎을 피웠다는 이야기가 있다. 유고슬라비아 내전 때는 유엔의 경제제재로 유고슬라비아의 담배 수입이 중단되자 포도잎을 담배 대신 태우며 흡연을 시도한 보스니아군, 크로아티아군, 세르비아군 병사도 있었다고 한다.

✒ 술과 담배를 하는 이유

술과 담배는 왜 하는 것일까? 사람에 따라 각자 수많은 이유가 있을 것이다. 내가 겪어왔거나 이제껏 만나온 주변 사람들을 살펴보면 두 가지 면에서 공통되는 것과 아닌 것도 있을 거 같다. 호기심, 스트레스 해소, 기분의 좋고 나쁨, 원만한 대인관계 형성 및 유지, 축하와 위로 및 격려의 수단, 자랑과 시합, 슬픔과 고통의 극복, 의존증과 중독 등이라 여겨진다.

내 경험을 예로 들면 공감하는 사람들이 더러 있을 것이라 믿는다. 현재 40년 4개월째 공무원 생활을 하고 있다. 일반 회사 직원이나 자영업자 등과는 일하는 성격이 다르다. 1980년 2월 고등학교를 졸업하였으나 가정 사정으로 대학 진학은 포기하고, 공수부대를 지원했으나 이가 몇 개 없어 떨어지고 만다. 17살의 어린 나이지만 되는 일은 없고, 백수 생활에 요즘처럼 법을 엄격하게 집행하는 것도 아니므로 술과 담배는 자연스럽고, 그 맛에 길들여진다.

4월 막노동을 하다가 좋은 사람 만나 운 좋게 한국일보 삼척지국 총무로 취직한다.

신문 배달원을 관리하고 신문 대금을 수금하며 주제넘게 행정고시를 독학으로 준비한 적이 있으나 1차 시험은 본 적이 없다. 지국장의 권유로 이듬해 9급 지방공무원 시험을 보게 되었기 때문이며 3월 뜻밖에 합격한다. 그해 7월 첫 발령을 동해시 사문동사무소로 발령받는다. 미성년자이지만 선배 공무원, 통반장들은 거리낌 없이 술과 담배를 권하므로 갈수록 빠져든다. 술만 마시면 잘 취하지 않는데 담배를 같이 하니 그 속도가 훨씬 빨라지고 그걸 탐닉(耽溺: 어떤 일을 몹시 즐겨 거기에 빠짐)하게 된다. 나로서는 좋았고, 평생 잊지 못할 고마운 분들이지만 첫 사회생활을 잘못 가르쳐준 분들이라고나 해야 할까?

지금은 많이 엷어졌다고 하지만 학연, 지연, 혈연이 전혀 없는 동해시에서 직장 생활을 하며 조직 내외에서 새로운 인간관계를 맺고 그것들을 극복해야만 했다. 홀로 6만8천 원이라는 적은 수입으로 단칸방에 생활하면서 주변에 많은 가족이 시끌벅적하고도 풍요롭게 생활하는 모습을 마냥 지켜봐야만 했다.

1981년 19살에 아내와 만나 결혼식도 하지 못하고 궁핍하게 생활을 시작한다. 1983년 2월 약관(弱冠: 나이 20세를 말함)의 나이에 딸을 낳아 아버지가 된다. 그때는 방 안에서 친구들과 어울려 술 마시고 부담 없이 담배를 피울 때이다. 하지만 아내는 담배 냄새를 싫어하고, 아기도 있었기 때문에 많이 자제하였다. 국방의 의무면제를 생각했는데, 1983년 4월 동해시에 주둔하고 있는 해군 제1 해역사 단기복무사병(방위병)으로 입대를 하게 된다. 생계가 막막해져 아내는 구멍가게를 하다 정리하고, 아이를 장모님께 맡기고 수산물 공장에 취직한다. 가장이, 사내가 꼼짝없이 제구실을 못하고 아녀자들의 신세를 지게 된 것이다. 미안함 때문에 뭔가 하나라도 이루자는 마음으로 7급 공채시험을 준비했으나 떨어졌다. 집안 사정을 봐서라도 술담배를 단호하게 끊어야겠다는 생각은 가지면서도 뜻대로 하지 못한다. 생활은 너무 어려워 짜증스럽고, 세상은 불공평하며, 마음대로 되는 일은 없다. 그러나 술과 담배는 가까우며, 흠뻑 취하면 기분은 나아지고, 좋지 않은 일들은 잊히며, 곯아떨어지면 그것으로 끝이다.

1984년 7월 망상동사무소로 복직을 하니 형편이 좀 나아진다. 가장으로서의 의무와 체면을 조금 차리면서 술담배는 갈수록 더 늘어난다. 1986년 1월 총무과로 자리를 옮긴다. 직원은 대단히 많고, 사무실에서의 흡연은 일상화되어있어, 담배 연기로 눈을 뜨지 못할 정도일 때도 있다. 말단이기 때문에 사무실 안에서는 피운 기억이 별로 없다. 8시 이전 출근, 24시 이후 퇴근하면서 늦은 음주가 일상생활이다. 일주일 내내 아이와 눈 뜬 채로 얼굴을 마주한 적이 없을 때도 있다. 심지어는 술이 힘에 부치고, 지각을 할 때도 생기며 직속 선배나 상사로부터 잔소리도 몇 번 들었다.

누구든 원하는 직장 갖고 사랑하는 여자와 만나 행복한 가정을 꾸미기를 바란다. 똑똑하고 잘생긴 자식들을 낳아 훌륭하게 성장해서 좋은 직장 잡아 결혼하기를 소망한다. 남들보다 더 많은 재산을 갖고 싶고, 더 높은 명예 가지기를 기대할 것이다. 모든 사람이 그것을 이루고 더 높은 신분으로 도약하기 위해 온갖 노력을 기울인다. 그러나 그것은 극히 일부에게만 허락되고 많은 사람에게는 불가능에 가깝다는 것을 인식하고 있다. 주식에도 덤벼보았고, 조금이라도 여유가 되면 부동산 투자도 해보고 싶었다. 동료 직원과 경쟁하며 보다 더 빨리 승진도 하고 싶었고, 아내가 돈 잘 버는 내 이웃의 여자였으면 하는 허황된 바람도 가졌던 적이 있다. 태어날 때부터 기본적으로 짜인 환경은 획기적으로 나아지기가 정말 어렵다. 사회구조가 그런 방향으로 작동하기 때문이다. 하지만 지금의 내 현실은 내 주변의 수많은 봉급쟁이와 같다. 만족스럽게 받아들이며, 맡은 일에 최선을 다하면서 생활하고 있다.

술친구, 담배 친구라는 말이 있다. 받아들이는 관점에 따라 좋은 의미일 수도, 그 반대일 수도 있다. 개인적으로 예전에는 부정적으로 받아들였지만 최근 들어 긍정적이라는 생각을 더 많이 하게 된다. 시대가 미래로 나아갈수록 결혼의 기피와 출산율의 감소, 공동체 의식의 결핍과 가정 문제의 심화 및 파괴, 1인 가구와 혼밥족의 증가 등 예전에는 상상할 수도 없는 쪽으로 크게 바뀌고 있기 때문이다. 친(이복) 형제는 있지만, 평생을 혼자 살아왔으니 없는 것이나 다름없다. 사촌 형제들은 1년에 한두 번이나 경조사가 있을 때만 만난다. 하지만 내 삶의 터전인 동해에서 생활하며, 친밀하게 인간관계를 맺은 사람들이나 직장 동료들은 나나 상대방이 필요할 때 어렵지 않게 만날 수 있다. 술잔을 주고받고 담배 피우며 개인의 관심사를 허심탄회하게 털어놓을 수 있는 것이다. "멀리 있는 친척보다 이웃사촌이 더 낫다."라는 말을 생활주변에서 절실하게 느끼고 있다.

✒ 담배와의 만남, 9년 만에 끊기 성공

고등학교는 춘천에서 다녔다. 오래전의 일이니 학교명을 밝혀도 되겠다. 춘천 제1고등학교(강원대 사대부고)인데 3년 동안 기숙사 생활을 했다. 담배는 고등학교 3학년 겨울방학을 며칠 앞둔 날, 기숙사에서 골초 친구의 권유를 뿌리치지 못하고 사감의 눈을 피해 처음으로 피웠다. 냄새도 좋지 않고, 몸에 나쁘다는 연기를 겁이 나 삼키지 못하고 뼈금거리니 친구들이 난리다. 쓸데없는 용기를 내 깊이 들이마시라는 말대로 따라 했다가 거의 기절 직전까지 간 거 같다. 그 이전까지는 빈 담배조차도 입에 문 기억이 없으니 모범생이라기보다는 숙맥에 가까웠던 거 같다. 그날 이후 친구들을 따라 띄엄띄엄 고통을 참아가며 배웠는데 날이 지나갈수록 가까워진 것이다. 그동안 맛을 몰라 눌러 참아온 흡연 욕구가 발산의 기회를 잡았으며, 흡연 중독의 달콤하고 무서운 늪으로 빠져드는 출발점이 된 것이다.

　고등학교를 졸업한 이후 본격적으로 담배를 피우게 된다. 객지인 삼척에서 생활하면서 많지 않은 사람을 알게 되는데, 모두 담배와 술을 좋아한다. 유유상종(類類相從: 같은 무리끼리 서로 사귐)이라 했던가? 나도 예외일 수는 없었다. 현재의 상황을 바꾸고자 하는 마음과 의지, 열망과 도전정신도 있었지만, 조언해주거나 도와주는 사람은 전혀 없다. 이런 현실을 마주하게 되면 한편으로는 좌절하고, 체념하고, 부모와 내 처지 그리고 세상을 원망하게 되었으며, 그런 과정에서 술과 담배에 더 몰입하게 된 것이다.

　1986년 1월 총무과로 발령받은 게 담배를 끊게 된 전기(轉機: 상황이나 형세가 전환되는 기회나 시기)라고 해도 될 거 같다. 이즈음 흡연량은 1갑 반 정도 되었다. 담배를 피우는 시간에는 옥상이나 계단 등 밖으로 나가야 하므로 그만큼 일을 못 하는 것이다. 1987년 1월부터 뭔가 큰 변화가 필요할 때임을 스스로 느끼게 되고, 그 대상으로 금연을 생각했다. 그러나 단호하게 결심하기는 정말 어렵고 어떤 특별한 계기가 오기만을 기다린다.

　1987년 6월의 마지막 날에 금연은 시작되었다. 선배 두 명과 점심식사를 마치고 2층 옥상에서 담배를 피우는 데 한 선배가 "내일부터 담배 한 번 끊어볼까?" 했으며, 두 명이 동의한 것이다. 내기를 걸고, 남은 담배와 라이터를 쓰레기통에 버린다. 나와 같은 마음으로 금연을 생각하고 실행할 기회를 찾고 있었던 것이다. 두 선배는 기분 상한 일이 있다면서 하루를 넘기지 못하고 담배를 피우고 만다. 내기 약속은 없었던 일이 되었다. 하루를 성공하니 그걸 깨는 게 아까워 "하루만 더, 하루만 더." 하면서 버텨 마침내 100일 동안의 금연에 성공한다. 나로서도 믿기지 않은 기적 같은 일이 벌어진 것이다.

101일째에 다시 또 피우니 처음 입에 댈 때와 같이 머리가 어지럽고 속은 울렁거린다. 며칠 지나니 익숙해지고 예전보다 더 맛있다. 옆에서는 "확 끊어버리지 왜 그러냐?", "금연에 실패한 거네." 등등 말이 무성하다. 연말까지는 예전처럼 아무 일 없었다는 듯 줄기차게 피운다. 1998년 1월 1일, 2차 금연 100일 작전을 공표하고 다시 담배를 끊는다. 담배를 끊는 게 무척이나 어렵고, 다시 피우게 되면 더 어려워진다는 말을 많이 들었다. 이 때문에 담배를 내 마음대로 조절할 수 있는 능력을 키우려고 한 것이다. 2차 금연도 뜻한 대로 성공을 거둔다. 다시 또 담배를 입에 무니 직원들은 정말 어이없다는 반응이다. 아랑곳하지 않고 7월 1일부터 3차 100일 작전을 성공한 뒤에 완전히 절연할 계획임을 밝힌다.

7월 1일 3차 금연을 시작해야 하는 날, 사무실에서 일하다가 분노를 삭이지 못하고 급기야 담배를 피우고야 만다. 남에게 약속을 지키지 않는 놈으로 비치는 게 창피스럽기도 했지만 생각할수록 아깝고, 실망스러웠다. 계속 일은 잘 안 풀리고, 스트레스받는 일이 계속 이어진다. 하지만 절대 여기서 포기할 수는 없는 일이다.

한 달 더 끽연을 즐기다 8월 1일 3차 100일 작전에 들어갔으며, 결국 성공한다. 다시 또 연말까지 피우기를 반복한다.

1989년 1월 1일 총무과 직원은 물론, 시청에 영원한 절연(絶煙: 담배를 끊음)을 밝혔다. 마침내 3번의 '금연 300일 작전'을 마치고 담배를 끊는 데 성공한 것이다. 감개무량(感慨無量: 마음에 깊이 사무치는 느낌이 그지없음)한 날이다. 그 이후 지금까지 빈 담배 단 한 개도 입에 문 적이 없다. 오래전에 과장이나 시장 등이 만찬 회식 자리에서 가끔은 부하직원과 소통한다고 담배를 권하고 맞담배를 한 적이 있었다. 그럴 때조차도 피우지 않았다. 하지만 앞일을 어떻게 알고 미리 단정할 수 있다는 말인가? 앞으로 얼마나 더 살아갈지 알 수 없지만, 다시 또 피우고 싶은 마음은 전혀 없다. 술 한 가지만으로도 충분하다.

✒ 술을 극복하고 건강 되찾기

60~70년대 초등(국민)학교, 중학교 다닐 때 어른 심부름으로 간혹 주전자를 가지고 구멍가게에 막걸리 심부름을 다녀올 때가 있었다. "대체 무슨 맛일까?" 하는 호기심으로 주전자 주둥이에 입을 댄 적이 있다. "시금털털한 맛밖에 나지 않은 걸 왜 마실까?" 했는데 그 게 첫 음주(?)의 기억이다. 자식들을 믿었고, 미성년자 보호법이나 아이들에게 술과 담배 판매를 금지하는 규정도 없었기 때문에 심부름을 시켰을 것이다. 요즈음으로서는 상상도 할 수 없

는 일이다.

　술은 고등학교에서 기숙사 생활을 하면서 선배들로부터 배웠다. 부모의 품 안에서 벗어나 있고, 수백 명을 관리하는 사감의 감시만 피하면 얼마든지 가능하였기 때문이다. 1학년짜리가 3학년과 같은 방을 썼는데 선배들은 자기들의 옛날을 떠올리면서 귀엽다고 술자리에 일찍부터 드문드문 끼워준 것이다.

　고등학교를 졸업했는데 만 17살밖에 되지 않는다. 거추장스러운 교복을 벗어 던지니 거리낌 없이 마셔도 누가 뭐라고 할 사람이 없다. 술은 담배보다 훨씬 더 맛있고, 내 체질에도 맞음을 느꼈으며, 처지가 어려울 때이므로 스스로를 달래기에도 효과적인 방법이었다.

　공무원에 들어오면서부터 술은 더 가깝게, 더 친밀하게, 더 즐기게 된다. 나로서는 담배보다는 술이 훨씬 더 좋은데 은근하게 취하는 맛은 담배와 비교할 바가 아니다. 외로운 상태에서 사람 사귀기에도 유용하고, 인간관계와 친밀감을 향상하는 데 더없이 훌륭한 도구로 여겨진다. 동사무소와 시청 조직 내의 구성원들, 통·반장과 부녀회장을 비롯한 동 단위의 기관·단체장을 시작으로 지역사회의 시민들을 알면서 인맥이 넓어질수록 술자리는 늘어만 간다. 또한, 술에 만취해 간혹 실수하는 횟수도 잦아진다.

　술과 담배를 같이했으므로 담배를 끊을 때까지의 음주는 비슷하다. 90년 4월 7급으로 승진하였고 이후 발한동, 의회 사무과, 총무과에서 근무하였는데 이때쯤에는 동해시청의 술꾼으로 내 이름이 오르내렸다. 그만큼 자주, 많이 즐겨 마셨다는 방증인 것이다. 일과 술에 푹 빠져 건강검진을 받는 게 무서울 정도로 건강 상태는 갈수록 나쁜 상태였다. 내가 크게 별로 신경을 쓰지 않아도 아이 둘은 아내의 따뜻한 사랑을 받으면서 착하고 건강하게 초등학교, 중학교, 고등학교로 진학하였다.

1999년 1월 6급으로 승진하였고, 청소관리담당으로 발령받는다. 직원 4명이 청소차 운전기사와 미화원 등 140여 명을 관리하며 시 전역의 환경미화를 담당하는 일이다. 취약한 분야에서 힘겨운 일을 하는 분들이므로 자주 만나 대화하고 술 마시는 자리가 획기적으로 늘어난다. 술을 많이, 늦게까지 마시고 안주는 별로 먹지 않으며 식사는 거르는 나쁜 버릇 때문에 건강 상태는 갈수록 악화될 수밖에 없다. 87년부터 시청 테니스클럽에 가입하였지만, 일을 핑계로 운동에는 별 관심이 없고, 회식하는 자리에만 참석하는 수준이었다.

건강검진 결과가 나쁠 것으로 예상되므로 병원에 가는 것 자체를 겁낼 정도였다. 동해시의 대표 관광지인 무릉계곡에 관음사가 있다. 2001년 직원들과 이곳에 등산을 갔는데 허리와 무릎 및 발목의 상태가 좋지 않아 경사가 급한 곳에서 거꾸로 걸어서 내려온 적이 있다. 1986년부터 2001년까지 많은 직원이 간암과 위암 등으로 쓰러지는 것을 보았기에 내 건강 상태를 심각하게 되돌아보았으며, 큰 변화가 필요함을 절감하게 되었다.

내 몸과 생활습관에 맞는 운동을 선택하기로 굳게 마음먹는다. 많은 운동이 팀으로 이뤄지거나 상대방이 있어야 가능하다. 시간이나 장소, 도구 등에서 많은 제약이 있다는 얘기다. 몇 달간을 고민하면서 나 혼자의 의지에 따라 새벽에 할 수 있는 것, 비교적 덜 위험하고 돈이 적게 들어가는 등 몇몇 조건에 딱 들어맞는 것을 찾아낸 게 걷기와 달리기였다.

2002년 1월부터 달리기와 마라톤에 관한 상식을 공부하면서 시 내부의 게시판에 계속 글을 올렸다. 또한, 6개월 뒤 마라톤 클럽을 공식적으로 창립하겠다는 내용과 함께 회원 모집을 시작한다. 달리기는 중·고등학교 체력장 때 해본 게 전부이고, 평상시 운동을 안 했으므로 새벽에 일찍 일어나 뛰는 게 대단히 어렵다. 하지만 건강을 증진하고, 직원과의 약속을 지키기 위해서 마음을 굳게 먹고 걷기부터 시작한다. 걷는 속도를 높이고 뛰는 거리를 5km, 10km로 늘리면서 꾸준히 하므로 몸도 나아지고, 재미도 생긴다. 또한, 회원으로 가입하겠다는 직원들의 숫자도 나날이 늘어난다.

마침내 2002년 7월, 26명의 직원으로 동해시청 마라톤 클럽을 창립하였다. 시간이 되는 회원 위주로 매주 1회 합동 연습, 1~2개월마다 마라톤 대회 참가, 가끔은 단합 대회 등을 개최하니 혼자 하는 것보다 훨씬 재미가 있다. 남이 하건 말건 개인적으로는 정말 열심히 하였다. 2003년 9월 자매도시인 김제시의 지평선마라톤대회에서 첫 풀코스 완주를 시작으로 2021년 10월에 100회(100km

울트라 1번 포함)를 완주하였다. 전국 곳곳을 찾아다니며 달리기와 여행을 병행하였다. 미국 보스턴과 중국 대련에서 풀코스를 뛰었고, 일본 사카이미나토에서는 풀코스 역전대회에도 참가하였다.

  아버지는 47세의 젊은 연세에 간경화로 돌아가셨다. 내가 마라톤을 시작할 때가 40살이었는데 과연 47살을 넘길 수 있을지 자신이 없었다. 혼자 생활하는 기간도 길었고, 일과 과음 등 과로와 스트레스도 무척 많이 받았기 때문이었다. 그러나 지금 58살을 넘었으며, 건강검진을 받아도 음주에서 오는 몇 가지를 빼면 특별히 나쁜 곳은 없다. 또한, 아직도 시간과 기회가 되면 대회에 참가하여 풀코스 등 여러 코스를 골라 완주하고 있다. 내 의지와 건강이 허락하는 날까지 계속 쉬지 않고 달리기를 다짐해본다.

Part 2

나만의 풀코스 뛰기

8. 복장 갖추기

✒ 복장의 중요성

　복장은 '옷을 차려입은 모양새, 또는 그 옷', '옷과 액세서리를 포함한 의상의 총칭'을 말한다. 복장에 관한 얘기하기 때문에 그에 관한 것을 검색해봤다. 마사치카 준코는 『왜 옷을 잘 입는 남자가 일도 잘할까?』라는 책을 지었다. 나폴레옹은 "사람은 제복에 어울리는 사람이 된다."라고 했으며, 디자이너 코코 샤넬은 "옷을 잘 입는 사람을 보면 그 사람의 옷뿐만 아니라, 그 사람의 성격, 능력, 개성 등 모든 것을 파악하는 것이 가능하지만, 옷을 못 입는 사람은 아예 기억에서 쉽게 사라져버린다."라고 했다. 복장이 그렇게 중요하다는 것인데, 뜻을 같이하는지 여부는 각자의 몫이다.

　마라톤 복장은 대체적으로 신발, 양말, 팬츠, 윗옷, 시계, 장갑, 선글라스, 머리띠, 모자, 귀마개 등으로 구성된다. 대회가 외부에서 이뤄지므로 계절과 기후에 따라 봄, 여름, 가을, 겨울용으로 구분할 수도 있으나 뚜렷하지는 않다. 각 용품은 빨강, 주황, 노랑, 초록, 파랑, 남색, 보라 등 무지개 색처럼 울긋불긋 다양하며 밝고 화려하다. 차도는 물론 자전거도로나 인도, 농로나 임도 등을 달려 위험하므로 눈에 띄어야 하고, 패션 감각이 보태졌기 때문일 것이다.

✒ 평범하고 편한 복장을 좋아해

 운동화와 양말, 선글라스와 모자, 일반용 시계는 4계절 구분 없이 번갈아가며 사용한다. 어떤 것을 쓰건 별로 가릴 필요가 없기 때문이다. 봄(4월)부터 늦가을(10월)까지는 짧은 팬츠, 소매가 없거나 반팔 셔츠, 실장갑이면 대만족이다. 11월부터 3월까지는 날씨에 따라 긴 팬츠 위에 짧은 것, 반팔이나 긴팔 셔츠 위에 바람막이, 두꺼운 장갑과 귀마개면 완전한 복장이다. 비나 눈이 내리면 슬리퍼 또는 예비용 운동화를 가지고 가는 경우도 있다.

 한마디로 말해 날씨를 감안하는 것을 빼면 복장을 고르는 일에 별로 신경을 쓰지 않는다. 경제적으로 부담되지도 않지만 쉽게 낡아지는 물건도 아니므로 될 수 있으면 번갈아가며 오래 이용하기 위해 애쓴다. 너무 눈에 띄지도, 뒤처지지도 않는 평범한 것을 추구하는 것이다. 외모와 뛰는 자세가 평범하고, 기록도 뒤처지는 상황이므로 달리기 마니아 속에 파묻혀 뛰는 것 자체를 즐기면 되기 때문이다.

✒ 행사를 빛내고 즐거움을 주는 튀는 복장

 대회에 참가해보면 눈에 확 띄게 독특하고 창의적인 복장을 한 사람들이 뜻밖에 많다. 군살 없이 탄탄하게 잘 다듬어진 몸매를 뽐내기 위해 착 달라붙게 입은 유니폼은 모든 시선을 끌기에 충분하고, 눈요기를 해도 즐겁다. 해가 쨍쨍 내리쬐는 한여름에 두건과

도포를 입고 달리는 선수, 머리보다 훨씬 더 큰 문어(낙지) 가면을 쓰고 보는 사람의 숨이 콱 막히게 하면서 뛰는 선수, 신발을 신지 않고 맨발로 뛰는 선수, 굴렁쇠를 굴리거나 줄넘기를 하면서 뛰는 선수 등 별별 사람이 다 있다. 이분들의 수고 덕분에 참가하여 같이 달리는 사람, 코스 주변에서 구경하며 격려하고 응원하는 사람들은 즐겁다. 힘든 마라톤을 즐거운 축제의 마당으로 만들고, 보다 더 빛내며, 일인다역(一人多役: 한 사람이 여러 역할을 함)을 하는 훌륭한 분들이다.

9. 연습하기

♪ 기본 연습은 생활 속의 걷기

 연습의 기본 원칙은 일상생활 속의 자연스러운 걷기이다. 대부분의 경우, 맨몸이 아니라 5kg 안팎(2kg 덤벨 등)의 배낭을 메고 걷는다. 풀코스를 완주하기 위해서는 많은 연습이 반드시 필요하다. 그러나 나로서는 충분한 시간을 만들어 내는 게 쉽지 않다. 생활 속의 걷기는 이 부족한 걸 채우는 데 대단히 유용하고 중요한 수단이다. 배낭을 짊어지는 것은 첫 번째는 허리를 바로 세우는 효과가 있다. 둘째는 허리와 다리, 무릎과 발목의 근육을 강화시켜준다. 셋째는 평상시 몸무게의 1/12 가까이 더 들고 다니다 뛰면 훨씬 부담이 줄어들기 때문이다.

 차를 타기보다는 걷는 시간을 최대한 늘리기 위해 무진 애쓴다. 사무실로의 출·퇴근은 가장 자주 하는 편이며, 중요한 연습시간이다. 하루 중, 특히 낮에 가장 많은 시간을 보내는 곳은 직장이다. 앉기보다는 될 수 있으면 서있기 위해 애쓰며, 이것도 소중한 연습으로 활용한다. 엘리베이터는 거의 이용하지 않고 계단을 오르내린다. 근무 중 눈이 침침할 때, 목이 뻣뻣해질 때, 졸리거나 몸이 피곤할 때는 틈틈이 짬을 내 쉬어야 한다. 이때도 될 수 있으면 사무실에 있지 않고 옥상이나 건물 밖으로 나가 잠깐씩 걷는다.

주말이나 휴일에 집에 있을 때, 용무를 보기 위해 10km 이내의 거리를 이동할 때도 특별히 바쁜 경우가 아니면 걷는다. 물론, 배낭은 빠지지 않는 필수품이다. 대회에 참가하기 위하여 집에서 터미널까지 갈 때도 보통은 약 2km를 걸어서 가고, 참가한 뒤 귀가할 때도 시간 여유만 있으면 걷는다. 대회가 열리는 도시에 도착한 뒤에도 1시간 이내의 거리라면 숙박업소나 대회장으로도 걷는다. 시내 구경은 물론, 문화재 관람, 문화예술 축제 구경, 관광지 구경 등을 할 때도 가급적 부지런히 돌아다니면서 많이 보고 걷는 게 일상화, 습관화되어있다.

✒ 늘 부족한 연습, 다양한 방법으로 채워

2002년과 2021년은 무려 19년 차이다. 요즈음에는 통상적으로 쓰기에 마땅치 않지만, 옛말로는 '강산이 두 번이나 바뀔 수 있는' 오랜 시간이다. 처음 시작할 때부터 꽤 오랫동안 대부분의 연습은 새벽 시간을 이용하였다. 저녁 시간에는 공적·개인적으로 여러 분야의 사람을 만나는 모임이 많고, 보통은 술자리가 함께 이뤄지기 때문이다. 주말에도 대회에 참가하지 않을 때는 주로 새벽에 뛰고, 낮에는 간혹 할 뿐이다.

장소는 평일의 경우 5km부터 하프대회에 참가할 때까지는 집에서 300여m 떨어진 학교 운동장이나 집 주변의 차도와 골목길을 주로 뛴다. 주말에는 가끔 1.5km 거리에 있는 종합경기장의 외곽으로 가장 길게 코스를 잡고 달린다. 짧은 거리를 다람쥐 쳇바퀴 돌 듯하는 게 싫었던 까닭이다. 풀코스 대회에 참가한 뒤부터 평일에는 집 부근의 시가지 도로를 주 3회 이상 7~10km를 길게 뛰었다. 집으로부터 10km 이상 해안도로를 왕복하거나 시가지 전역 30여km를 일주하다시피 한 적도 가끔 있다.

새벽 시간에 가장 많이 연습하여 오늘날의 나를 있게 해준 천곡 평릉해안택지는 단독주택과 아파트가 집중적으로 신축되면서 차량 통행량이 엄청 많아졌다. 동부하이텍~평릉해안택지 간 해안도로의 인도와 산책로도 대형 화물차량의 통행량이 급격하게 늘어났다. 이는 도로를 횡단할 때의 안전 문제가 심각해지고, 건강을 지키고자 하는 게 먼지와 자동차 매연으로 오히려 더 손해가 된다는 방증인 것이다.

외부적인 환경 여건 때문에 자연스럽게 연습량은 줄어들고, 기록은 들쑥날쑥할 수밖에 없게 되었다.

🏃 서울과 대전 생활 그리고 복귀, 여건에 맞는 연습 찾아

2012년 3월부터 2013년 4월까지는 지식경제부에 파견되어 서울 관악구 신림동에 생활하면서 과천 정부종합청사에서 근무하였다. 이때는 평일 새벽에 신림동 주택가와 도림천, 관악산 등산로와 서울대학교 운동장을 뛰었다. 주말에는 과천시 관문체육공원 운동장, 과천에서 신림동까지 도로변을 걷거나 뛰기, 과천에서 신림동까지 관악산을 넘어 등산하기 등을 하였다.

2013년 3월부터 2014년 2월까지는 정부 조직 개편에 따라 근무 부서가 중소기업청으로 이관되어 대전 정부종합청사에서 근무하였다. 이곳에서는 대전 한밭수목원의 산책로와 갑천변의 자전거도로 및 산책로를 뛰었다. 자동차 도로와 멀리 떨어져있어 매연과 분진의 영향을 받지 않으므로 뛰기에 가장 좋았던 곳이다.

2014년 3월 동해시청으로 복귀한 뒤로 새벽 대로변 달리기는 거의 하지 않았다. 도로를 무단 횡단하는 과정에서의 자동차 사고와 넘어져 다치는 것을 예방하고, 매연과 먼지를 피하기 위해서이다. 특히, 35여 년 전에 전 마라톤 국가대표 선수였던 동료 직원이 새벽 운동을 하다 자동차에 치여 사망한 사고가 불현듯 떠올랐기 때문이다. 대회 참가 신청을 한 뒤 주말을 이용하여 학교 운동장을 7~10km 정도 달린다. 새벽 시간에는 일주일에 3회 이상 방안에서 맨손체조와 아령을 300~400번 정도 한 뒤 실내용 바이크를 7~10km 정도 탄다. 출퇴근 복장으로 배낭 메고 걷기는 습관으로 굳어졌다. 주위의 친한 분들이 보기에 좋지 않다고 해도 아랑곳하지 않고 꿋꿋하게 지켜나가고 있다. 이런 정도의 연습만으로도 2019년에 풀코스 4회를 완주하였다. 앞으로도 기록 앞당길 욕심을 내지 않을 계획이므로 연습 방법에 큰 변화가 없을 것이라 여겨진다. 그러나 시간과 여건만 되면 집 밖에서 뛰면서 연습하기 위하여 부단히 애쓰고 있다.

10. 대회 참가하기

✏ 대회 고르기

　단체로 대회에 참가할 경우에는 집단 의사에 따를 수밖에 없다. 조금 불편하더라도 다수를 위해 소수가 희생되어야만 불협화음(不協和音: 의사소통이 원활하게 이루어지지 않거나 주장이 엇갈려 서로 융합되지 못하는 상태를 비유적으로 이르는 말) 없이 원만하게 바라는 목표를 이룰 수 있다. 앞으로 풀어나가는 많은 글의 대전제가 되므로 먼저 밝힌다.

　풀코스를 몇 번 완주할 때까지는 동해시청 클럽에서 결정한 대회에 회원들과 함께 참가하였다. 내가 클럽 창립을 주도하였고, 기틀을 다지기까지 5년 정도는 사무국장을 맡았기 때문에 사실상 참가할 대회도 선정한 것이나 다름없다.

　한창 마라톤에 빠졌을 때(나도, 남도 미쳤다고 표현하기도 한다.)는 참가하지 않은 대회, 가본 적이 없는 지역을 찾아다니기 위해 무척이나 애썼다. 새로운 대회에 참가하고, 그 지역을 관광하고, 특색 있는 음식을 맛보고, 참가부터 귀가할 때까지의 느낌을 글로 남기자니 늘 낯선 곳을 고를 수밖에 없었던 것이다.

　차를 가지고 다니지 않기 때문에 서울 등 큰 도시나 중규모를 빼면 최우선 고려사항은 늘 교통의 편리성이다. 출발부터 대회장 이동 및 도착, 참가 뒤 귀가할 때까지의 차편이 원활하게 이어져야 시간을 아낄 수 있고, 일상과 직장 생활에 큰 지장을 줄일 수 있다. 특별한 기념품에 끌린 적도 있고, 매력적인 지역 축제 등을 구경하기 위해 대회를 고른 적도 있다.

대회가 대부분 공휴일에 열리지만, 첫 번째 고려사항은 직장의 업무와 관련된 일들이다. 밥줄이 걸려있으므로 어쩔 수 없다. 제설 작업, 산불 예방, 근무 부서 및 유관 단체의 행사, 수해 예방 및 복구 활동, 시 단위 문화·예술·체육 행사 등이 연중 계속 열리는데, 꼭 참석해야 할 것들이 있기 때문이다. 2020년의 경우에는 연초부터 토바 펜션 가스 폭발사고 뒷수습, 코로나19 대응 비상근무가 계속되었다. 연초에는 100회 완주 목표를 이룰 계획을 세웠으나 단 한 번도 뛰지 못하고 해를 넘기고 만다. 둘째는 가정의 행사이다. 특히, 아내가 배려해주지 않으면 대회 참가는 불가능하다. 가족들의 기념일과 어린이날 및 어버이날, 가족의 모임이나 친지들의 애경사 등에 빠지면서 뛰러 갈 수는 없는 일이다. 셋째는 개인적인 사정으로서 평일에 업무를 마무리하지 못한 것, 과로와 과음에 따른 심신의 피곤함, 예상치 못한 갈비뼈·허리·팔과 다리의 큰 부상 등이다.

서울, 부산, 경기, 강원 등 15개 광역지자체와 세종특별자치시의 대회에 참가하였다. 제주도는 18년 넘게 벼르고 있지만 아직까지 가보지 못해 대단히 아쉽다. 해외로는 미국 보스턴과 중국 다롄의 풀코스, 일본 사카이미나토의 풀코스 역전마라톤을 뛰었다. 100km 울트라는 진고개 대관령마라톤대회에 한 번 참가하였다.

나이가 들면서 체력은 떨어지고, 먼 거리를 이동하므로 갈수록 피곤함과 지루함은 더해진다. 독립군(혼자 대회에 참가하는 외로운 마니아)으로 활동하고 경비를 줄이자니 식사에도 제약이 있다. 늦게 잠자고 일찍 일어나야 하므로 거의 찜질방을 이용하는데, 잠자리는 몹시 불편할 수밖에 없다. 몇 년 전부터는 이 모든 것을 해결하기 위해 수도권과 강원도 안의 가깝고 잘 알려진 대회를 주로 고른다.

♪ 개최 지역 이동하기

클럽(동해시청, 동해, 지식경제부, 중소기업청)에서 단체로 참가할 경우를 빼고는 늘 대중교통(시외, 고속, 지하철, 시내버스, 택시)을 이용하였다. 아내 등 가족과 함께 참가한 대회는 섬진강마라톤대회 단 한 번이다. 내가 뛰는 동안 지역 관광 삼아 같이 가자고 해도 따라주지 않는다. 마라톤 자체에 흥미도 없지만, 나와 함께 전국 여기저기 다니는 게 불편하기 때문일 것이다.

운전도 잘하지 못하지만, 그 자체를 싫어한다. 교통사고를 두 번 내었고, 음주운전을 한 번 하고 된통 고생한 뼈아픈 경험 탓도 있다. 가족끼리 장거리 여행을 하게 되면 아내와 딸은 거의 내게 운전을 맡기지 않을 정도인데, 남자로서 체면이 말이 아니다. 차만 타면 30분을 채 버티지 못하고 졸거나 잠을 자는데 멀미 때문이라고 한다. 전국 곳곳을 돌아다니며 달리고, 여행하는 데 운전을 하면 너무 피곤하므로 교통사고 예방, 보다 편안한 여행을 위해 운전을 멀리할 수밖에 없다.

마라톤의 맛, 특히 풀코스의 매력에 빠지고 나서부터는 2명 이상이 모여 단체로 움직이는 것에 상당한 불편함을 느꼈다. 대표적인 예로 여럿이 어울리므로 늘 술자리가 만들어지는데 내 술도 보통이 아니지만, 일행도 마찬가지다. 대회 전날 이동하면 출발할 때부터 시작한 술이 늦은 밤까지 이어진다. 심지어는 밤을 지새우다시피 과음한 뒤에 달린 적이 한두 번이 아니다. 일행보다는 나에게 문제가 더 많았는데 사람 만나고 술을 대단히 좋아한다. 또한, 남이 질릴 정도로 늦게까지 오래 버틴다. 건강을 되찾고 유지하기 위한 마라톤이 오히려 건강을 해치는 상황이 간혹 발생한 것이다.

◈ 지역 관광하기

관광은 '다른 지방이나 나라의 풍경, 풍물 따위를 구경하고 즐기는' 것이고, 여행은 '자기가 사는 곳을 떠나 유람을 목적으로 객지를 두루 돌아다니는' 것이다. 글자와 표현만 다르지 같은 내용이다. 낯선 곳으로의 관광, 누구에게나 몸과 마음을 설레게 하는 것 아닌가? 좋아하는 운동에 여행을 접목하여 같이 즐긴다는 생각만

하여도 신나는 일이다.

　초창기에는 대회에 참가하여 뛰는 것만을 목적으로 삼았다. 낯선 곳을 찾아간다는 것은 여러 가지 면에서 대단히 불편하다. 어느 때부터인가 많은 시간과 경비를 들여가면서 단순히 대회에 참가하는 것이 아깝다는 생각이 들었다. 마라톤과 여행을 결합하기로 결정을 하게 된다. 가까운 곳에 하루짜리로 다녀올 경우에는 불가능하다. 그러나 2일 이상이면 내 의지와 준비의 정도, 시간의 활용 여부에 따라 충분하다. 일석이조(一石二鳥: 돌 하나로 두 마리의 새를 잡는다는 뜻으로, 한 가지의 일로 두 가지 또는 그 이상의 이득을 얻음) 이상의 효과와 재미를 맛볼 수 있는 것이다.

　마라톤에 여행을 처음으로 보탠 것은 2007년 9월 12번째 참가한 철원 DMZ 국제평화마라톤대회였다. 철원에 살고 있던 친구의 초대 및 안내로 고석정, 삼부연폭포, 태봉대교, 직탕폭포 등을 구경한 것이다.

　2008년 4월 21일 제112회 미국 보스턴국제마라톤대회에 아내와 함께 참여하였다. 아내는 마라톤은커녕 이제껏 40년 가까이 살면서 달리는 것을 본 기억이 별로 없다. 많은 여행 경비는 부담스럽고 아까웠지만, 혼자 가면 평생 바가지 긁힐 거 같아 동행하기로 결정한 것이다. 4월 17일부터 28일까지 보스턴에서 4박 5일 일정을 보내고, 캐나다까지 11일간 여행하였다. 보스턴, 워싱턴, 뉴욕, 코닝, 미국과 캐나다의 나이아가라, 토론토 등을 바쁘게 돌아다녔다.

160여 명이 출국하였고, 캐나다까지는 50여 명이 동행하였으며, 그중 부부는 15쌍 정도였다.

2010년 4월 18일 제24회 중국 대련국제마라톤대회도 아내와 같이 갔다. 4월 16일부터 22일까지 대련에서 3박 4일의 일정을 끝내고, 장백산(백두산) 천지까지 7일간 다녀왔다. 단동의 압록강 철교와 호산장성, 통화의 장백산과 금강대협곡, 집안의 광개토왕비와 장군총 등을 구경하였다. 50여 명이 출국했는데 백두산까지는 7명이었고, 부부는 우리가 유일했다.

국내에서는 서울대회에 가장 많이 참가하였으며, 4가지의 서울시티투어, 명동, 동대문디자인플라자, 서울 숲과 하늘 숲, 경복궁과 창경궁, 청계천, 서울시청, 한강변의 이곳저곳 등을 두루 구경하였다.

관광을 위해서는 세심한 자료 수집과 준비가 필요하다. 별도의 비용과 시간이 들어가기 때문이다. 정보가 중요한데 IT 강국인 대한민국에서는 전혀 걱정할 필요가 없다. 모든 지방자치단체가 관광에 목숨을 걸고 홈페이지에 대중교통과 찾아가는 길, 숙박업소와 맛집, 관광지 정보 등 자세한 내용을 올려놓고 있다. 참가할 대회가 결정되면 그 지역의 대표 관광지나 관심 가는 곳을 찾으면 된다. 여행의 목적과 재미는 보고, 즐기고, 먹고 마시고, 자는 것이다. 평상시에 계획성 있게 경비를 마련하고, 자기의 취향에 맞춰 일정만 짜면 된다.

그러나 뭐니 뭐니 해도 가장 중요한 게 여행 비용이라 생각한다. 뜻이 있고, 시간이 남아돌아도 경제적인 문제가 해결되지 않으면 말짱 도루묵이다. 나의 경우, 보스턴과 중국에 가기 위하여 아내 모르게 수년간 적금에 가입하여 마련하였다. 공무원이 넉넉하지 않은 봉급으로 목돈을 마련하기는 매우 힘든 일이다. 하지만 궁즉통(窮卽通: 궁하면 곧 통한다는 뜻으로 극단의 상황에 이르면 도리어 해결할 방법이 생김)이라 했던가? 뚜렷한 목표 설정과 확실한 실현 의지, 그것을 이루기 위한 구체적인 방법을 실행하면 꿈은 이루어진다.

✒ 참가 전날의 숙소와 잠자기

평상시 잠을 적게 자는 편이다. 23살 이후 하루 평균 수면 시간이 4시간 정도로 여겨진다. 이런 습관이 길러진 것은 순전히 직장과 업무에서 비롯된다. 1986년 1월 총무과 시정계라는 곳으로 발령을 받았는데, 이곳이 일반적으로 8시 이전에 출근하고, 24시 이후에 퇴근하는 곳이다. 한창 젊은 나이에 4년 3개월간 이 힘든 부서에서 근무하면서 잘 적응한 덕분에 어쩌면 좋고, 한편으로는 나쁜 버릇이 체질화된 것이다.

단체로 참가할 때는 모텔 등 숙박시설을 이용하였다. 자매도시인 김제시의 마라톤대회에 참가할 때는 그곳에서 배려해줘 청소년수련관에서 숙박하였다. 보스턴이나 대련에서는 마라톤 패키지 상품을 잘 고른 덕분에 최고의 호텔에서 지내는 호사스러움도 누려봤다.

개인적으로 참가할 때 처음에는 모텔을 이용하였다. 혼자 사용하므로 짧은 시간이지만 조용하게 잠잔 뒤 아침 식사를 끝내고 다시 들어가는 편리한 점은 있다. 그러나 먼 거리를 이동한 뒤 밤늦게 들어가 빨리 일어나고, 아침 일찍 대회장으로 이동해야 하므로 이용하는 시간이 너무 짧아 숙박비가 아깝다는 생각이 들었다.

내게 있어 찜질방이라는 좋은 시설이 생기지 않았다면 어쩔 수 없이 모텔을 계속 이용할 수밖에 없었을 것이다. 초창기에 몇 번 이용한 뒤, 마음에 들어 지금까지 계속 찜질방에서 숙박을 해결하고 있다. 이곳은 값이 싸 대단히 경제적이고, 밤과 아침 등 필요시 마음대로 사우나를 이용할 수 있으며, 여러 가지의 찜질을 즐길 수 있다. 식당이 있는 곳에서는 제대로 된 식사, 편의점을 운영하는 곳에서는 간단하게 해결하므로 밖으로 드나드는 시간을 절약할 수 있다. 다만, 쉴 새 없이 고객이 드나들고, 코 고는 사람도 있으므로 잠은 제대로 잘 수 없다. 하지만 경비를 줄일 수 있고, 전국 각처의 수많은 찜질방도 체험하였으며, 특히 잠이 별로 없는 나로서는 딱 안성맞춤이다. 아마도 전국적으로 50여 곳 이상은 다녀보지 않았을까 싶다.

최우선적인 선택의 조건은 대회장과 가장 가까운 곳이다. 춘천에서 잠잔 뒤 새벽 일찍 버스를 타고 홍천대회에 참가한 적이 있는데, 대회장에 늦게 도착해 몸도 풀지 못하고 뛴 적이 있다. 그날 초죽음이 된 건 당연한 일이다. 신경이 가장 많이 쓰이는 부분인데 비교적 가까운 곳을 찾지 못하였기 때문에 이런 경험을 간혹 한다. 두 번째는 버스나 지하철 등 대중교통이 쉽게 연결되는가이다. 사실 시간 제약이 없는 택시가 가장 편하지만, 경비 때문에 늘 상당한 부담을 느낀다. 아직까지 출발 시간에 늦어 대회에 참가하지 못한 적은 단 한 번도 없다. 모든 게 잘 연결되었고, 운이 좋았던 덕분이다.

✒ 참가 전날까지의 식사

"금강산도 식후경(사람이 살아가는 데 가장 급하게 해결해야 할 문제는 먹고 사는 문제라는 것을 의미)"이라는 속담이 있다. 여행을 하면 볼거리, 즐길 거리도 필요하지만, 최고의 기쁨은 그 지역의 특별한 음식을 맛보는 재미가 아닐까 생각한다. 보고 즐기자면 부지런히 돌아다니고, 움직여야 하므로 자연스럽게 운동량은 늘어나게 된다. 소화가 촉진되므로 배고픔을 느끼게 되고 식욕을 돋울 수밖에 없다. 이런 때 평상시 생활하던 곳에서 자주 먹던 것과는 다른 음식을 마주하면 호기심도 자극하고 맛은 상상 그 이상이 된다.

2명 이상 단체로 참가할 때는 그 지역의 맛집을 찾아 정말 맛난 음식을 먹을 수 있다. 음식을 거의 가리지 않고 아무거나 잘 먹는 편에 속한다. 낯선 곳에서 새롭게 맛보는 생소한 음식, 어느 지역하면 떠오르는 대표적인 음식은 늘 맛있다. 나를 실망시키는 경우는 거의 없다. 남들은 독특한 향신료와 양념 및 냄새 때문에 비위에 거슬리고 잘 먹지 못하겠다는 미주, 동·북유럽, 동남아시아, 일본 등의 음식도 전혀 개의치 않고 잘 먹는다. 우리나라의 음식과는 다르므로 썩 마음에 들지 않지만, 색다른 음식 맛을 보기 위해 해외여행을 하는 것이다. 맛 기행, 음식 여행이라는 말도 있다. 음식을 제대로 먹지 못한다면 엄청 불편하고 죽을 맛일 텐데 비싼 돈 들여 가면서 왜 굳이 해외여행을 하는 것인지 이해하기 어렵다.

혼자 다니면 얘기가 많이 달라진다. 음식을 일반인보다 비교적 덜 먹는 편이다. 평상시 간식도 별로 좋아하지 않고 거의 먹지도 않는다. 어려서부터 과식하지 않는 습관이 몸에 밴 것도 같은데 마라톤을 하면서 체중관리가 필요하기 때문에 더 절제하게 되었다. 혼자서 먹을 수 있는 것은 탕이나 백반 등 간단한 음식뿐이다. 주로 먹는 것은 갈비탕, 설렁탕, 순대국밥, 감자탕, 백반, 쌈밥 등이다. 삼겹살, 소고기, 돼지갈비나 여행하는 지역의 특별 음식 등을 먹고 싶은데 1인분은 팔지 않으며, 전국 어느 지역이나 비슷한 실정이다. 처음 한두 번은 1인분을 주문했는데 팔지 않는다는 얘기를 들었으며, 그 이후로는 엄두도 내지 않고 포기하였다. 2인분 주문해서 1인분만 먹고, 나머지를 버린다는 것은 음식을 거의 남기지 않는 성격에도 전혀 맞지 않고, 생각할 수도 없는 일이다. 또한, 여행 경비를 조금이라도 아껴야 하기에 생각만 해보았지 단 한 번도 실행해보지는 않았다.

✒️ 참가 전 아침 식사

풀코스를 덜 힘들고 안전하게 완주하기 위해서는 뛰는 날 아침 식사를 든든하게 해야 한다. 체력 소모가 대단히 많기 때문이다. 아침 해결은 나와 마찬가지로 누구에게나 쉽지 않은 일이라 여겨진다. 보통 마라톤을 출발하기 3시간 전에 식사를 마칠 것을 권유한다. 식사한 뒤 소화되기 전에 일찍 뛰거나 운동을 시작하면 건강을 오히려 해친다고 한다. 출발 시간에 따라 적정한 식사 시간이 달라지지만, 일반적으로 8시 전후에 가장 많이 출발한다. 4시 전에 일어나야 5시 전에 식사를 끝낼 수 있다는 계산이 나오므로 어렵다는 얘기이다.

집을 떠나 낯선 곳에서의 아침 식사는 선택의 종류가 제한될 수밖에 없다. 특별히 참가자가 많아 예약이 필요한 경우를 제외하면 해장국, 김밥, 면류 등 24시간 운영하는 곳에서만 가능하다. 이것 또한 위의 '참가 전일까지의 식사'와 크게 다르지 않다. 굶지 않기 위해서는 아침이 가능한 장소를 미리 파악해둬야만 한다.

찜질방에서 식사가 가능한 경우가 가장 마음에 든다. 여유롭게 식사하고 난 뒤 더 드러누워 푹 쉬고, 샤워도 할 수도 있지만 그렇지 않을 경우에는 4시쯤엔 밖으로 나가야 한다. 차림 메뉴 중 설렁탕, 미역국, 비빔밥 등 덜 부담스러운 것을 택한다. 식사가 되지 않아 컵라면, 우동 등을 먹거나 계란과 우유로 해결한 경우도 있는데 뛰는 내내 속이 불편함을 느끼게 된다.

이른 새벽 시간에 식당을 찾지 못해 바나나우유와 카스텔라로 아침 식사를 하고 뛴 경우도 더러 있다. 배고픔을 느끼기는 하지만 속은 편해 달리기에는 오히려 더 나았던 거로 기억한다. 최근에는 저녁 식사를 마치고 찜질방에 들어갈 때 빵과 우유를 미리 준비한다. 시간에 맞춰 일어나 사우나 탈의실에서 일찍 아침을 해결하고, 찜질방이나 목욕탕에서 좀 더 여유롭게 시간을 보낸다.

시간, 장소 등 그때그때의 상황과 여건에 맞춰 이런저런 메뉴로 아침을 먹었는데 나로서는 최선의 방법을 찾아 적절하게 대응한 것이다. 이제까지는 크게 문제 된 적이 없다. 그날 대회에서 잘 뛰건, 못 뛰던 간에 복합적인 원인이지 아침 식사 한 가지가 원인은 아니기 때문이다. 사람의 욕구와 만족에는 한계가 있을까? 불만을 찾아내면 끝이 없다. 내 마음먹기에 모든 게 달려있다. 조금 아니면 더 많더라도 받아들이면 된다.

🖋 대회장 찾아가기

대회 참가 준비를 할 때 다음이나 네이버 지도로 교통편을 자세하게 찾아 일정을 짜므로 별문제가 되지 않는다. 숙소에서 대회장까지 이동할 때도 경비를 줄이기 위해 대부분 지하철이나 버스를 이용한다. 택시를 탄 경우는 열 번도 채 되지 않을 것이다. 지하철은 거의 시간이 정확한데 버스는 그렇지 못한 경우가 간혹 있다. 예정 시간이 되어도 도착하지 않으면 벌써 가버린 것인지, 아직 안

온 건지 초조하고 마음 졸이게 만든다. 대회를 포기할 수는 없으니 이럴 땐 택시를 찾을 수밖에 없다.

가장 마음에 드는 건 걸어서 갈 수 있는 적당한 거리에 잠자리를 마련할 때이다. 1시간 정도 걸을 수 있다면 더 이상 좋을 수 없다. 서울에서 열리는 많은 대회, 대전대회, 춘천대회 등이 마음에 든다. 하지만 낯선 지방의 중소도시, 특히 군 지역에서 전혀 알지 못하는 길을 찾아간다는 것은 큰 도전이자 모험이다. 또한, 네이버나 다음의 거리와 시간을 온전히 믿는 건 크게 실수할 수 있다. 공주대회, 대구 금호강대회, 보성대회 등에 참가하였을 때는 충분한 여유 시간을 가지고 찾아 나섰지만 길을 제대로 찾지 못하여 하마터면 뛰지 못할 뻔했다.

✏ 대회장 구경하기

대회장에 도착하면 여유가 있을 경우에는 이곳저곳을 기웃거리면서 행사장 분위기를 파악하고, 선수들의 모습, 행사 부스, 특별 이벤트 등을 구경한다. 무료 체험 서비스와 기념품을 받고, 차와 음료도 마시며, 인증 사진도 촬영한다. 간혹 아는 얼굴을 보면 무척이나 반갑다. 짧은 시간의 대화를 나누지만, 주제는 늘 대회 참가 소식과 분위기, 주관단체의 서비스 상태 등이다.

마라톤뿐만 아니라, 모든 체육·문화·예술은 물론, 일반 행사장은 참가자의 숫자에 따라 대회의 규모가 결정된다. 그 규모에 맞춰

무대의 있고 없음과 크기, 본부석과 의료 등의 여러 부스, 고정 및 간이화장실, 물품 보관 장소, 탈의실 등의 운영 및 지원 시설이 설치된다. 맨손체조와 에어로빅, 초대 가수의 노래와 공연 또는 연주, 경품 추첨 등 행사의 성격에 따라 다양한 특별 이벤트 등이 열린다.

보스턴마라톤대회와 서울국제·동아일보가 차이가 있고, 춘천 조선일보와 삼척 황영조가 다르듯 대회마다 그 지역 특성, 차별화하기 위한 아이디어와 노력은 남다르다. 수많은 대회를 다녀보았지만 같다고 느낀 경우는 거의 없다. 규모가 크면 큰 대로, 작으면 작은 대로 그 나름의 특성이 있다. 완벽한 행사를 치르기 위한 땀과 정성이 담겨있다. 보는 재미가 있으므로 좋다. 나쁘다거나 잘 준비했다, 못 했다거나 지나치게 비교 평가해서는 안 된다고 생각한다. 이들의 세심한 준비가 있으므로 달리기를 좋아하는 사람들이 뛰고, 즐기고, 성취감을 느끼고, 건강을 증진하는 것이라 믿는다.

모든 마라톤 행사장은 세상의 모든 꽃이 한 곳에 모여 피어있는 듯하다. 흰색, 검은색과 빨강, 주황, 노랑, 초록, 파랑, 남색, 보라색의 무지갯빛은 물론, 이름 모를 온갖 꽃과 색들의 향연(饗宴: 매우 성대하게 벌어지는 잔치)이다. 밝고 화려하고 아름답다.

말소리와 웃음소리는 크고, 작고, 밝고, 명랑하며 들떠있다. 어디에서도 화내고 짜증 내는 목소리는 들리지 않는다. 얼굴은 밝고 화사하게 웃는 표정이다. 분노하거나 찡그리고 슬퍼하는 모습은 보이지 않는다. 짧건 긴 거리든 달리는 것은 힘들고 지루한 운동이다.

하지만 희망과 활력이 넘치고 기대에 찬 모습들이다.

 여럿이 둘러 모여 "화이팅!"과 "힘!"을 외치면서 동료애를 확인하고, 사기를 북돋운다. 행사장 내외부의 빈 공간을 찾아 부지런히 달리면서 예열(豫熱: 미리 열을 가하여 덥히는 일)하고, 전의(戰意: 전쟁이나 운동 경기 따위에서, 싸움을 하고자 하는 의욕)를 가다듬는 선수들의 모습도 많이 보인다.

 무대와 본부석에서는 전광판이나 모니터를 틀어놓고 행사장 분위기를 참가자들에게 공유해준다. 1시간 훨씬 이전부터 명랑하고 흥겨운 음악을 틀어 분위기를 높게 띄우고 한껏 달아오르게 만든다. 사회자는 확성기로 행사를 안내하고, 참가자들의 협조를 유도하며, 달릴 때의 주의사항 등을 반복해서 안내해준다.

♪ 복장 갖추기

 복장은 계절과 날씨에 따라 다르게 갖출 수밖에 없다. 굳이 봄, 여름, 가을, 겨울의 4계절로 구분할 필요는 없지만, 건물 안에서는 할 수 없으니 날씨와 기온에 좌우되기 때문이다. 나이에 따라서도 복장은 달라진다. 나도 40대 초반 한창 달릴 때는 겨울에도 반바지, 긴팔 셔츠 위에 바람막이 옷을 입고 뛴 적이 있다. 그러나 나이가 들고, 뛰는 시간이 길어지면서는 불가능한 일이 되었다. 눈이 펑펑 내리고, 비바람이 부는 데도 핫팬츠, 민소매 옷을 입고 비호처럼 뛰는 선수들을 보면 놀랍고, 부럽고, 걱정스럽기도 하지만 나로서는 상상도 할 수 없는 일이다.

　운동화는 거의 4계절 가리지 않고 되는대로 신는다. 다만 겨울에는 바람을 막아주는 두툼한 것이 더 좋다. 초봄과 늦봄은 다르다. 반바지와 긴 타이즈를 따로 또는 같이, 반팔 또는 긴팔 셔츠, 얇은 실장갑, 선글라스와 모자를 쓴다. 늦은 봄과 여름은 별 차이가 없다. 반바지나 핫팬츠, 반팔 또는 민소매 셔츠, 나머지는 봄과 같다. 가을은 거의 봄과 같다. 겨울에는 긴 타이즈 위에 반바지, 긴팔 셔츠 위에 바람막이, 실장갑 위에 두꺼운 거 하나 더, 4계절용 모자와 귀마개 또는 귀를 덮는 모자를 쓰기도 한다.

　앞에서도 한 번 얘기를 꺼냈지만 2008년 1월 1일 0시 한강변에서 개최된 대회애서는 거의 겨울철 등산용 복장을 갖췄다. 보온과 방한을 위해 봄·가을 복장에 두 겹, 세 겹으로 더 껴입었기 때문이다. 그 이후로 아직까지 비슷하게 입어본 적이 없으며, 앞으로도 마찬가지일 것이다.

　"옷이 날개(옷이 좋으면 사람이 한층 돋보이게 됨)"라는 말이 있다. 몸매에 맞게 잘 갖춰 입은 사람은 빛나고 눈에 확 띈다. 많은 사람의 시선을 한몸에 받기 위해 차려입었을 것이다. 문어 모양의 모자 쓰기, 도포 차림, 양반 차림, 여장 남자 차림 등 미처 상상도 할 수 없을 복장을 갖추고 뛰는 사람들도 더러 보게 된다. 뛰는 거 자체가 고생인데 얼마나 벅차고 힘들까? 이런 분들이 참가자들에게는 즐거움을 선사해주고, 축제의 자리로 만들어 준다. 내 복장은 몸이나 생김새처럼 늘 너무 평범하기에 있는지 없는지도 모르리라.

✍ 출발 전 몸풀기

맨손체조와 스트레칭은 대단히 중요하다. 모든 대회에서 공식적인 식순이나 진행과정에서 빠짐없이 하는 게 몸풀기이다. 이것은 몸에게 뛴다는 것을 미리 알려주는 신호이며, 부상이나 예상치 못한 인명사고를 예방하는 최선의 방법이다. 사회자, 전·현직 전문 육상인, 에어로빅팀 등의 구호와 음악에 맞춰 따라서 5~10분 안에서 20여 가지의 동작을 하는데 흥을 돋우기도 하고, 수많은 사람이 같은 행동을 하게 되므로 웃음도 자아내고, 재미도 더해준다.

나의 경우에는 시간 여유가 있으면 이 과정에 특히 더 많은 시간을 보탠다. 게으름과 여러 핑계로 늘 연습이 부족하므로 어떤 부상과 사고를 당할지 모르기 때문이다. 평상시 달리기를 하지 않는 날에도 하루에 한 차례 이상은 거의 빠짐없이 하는 생활 속의 습관화된 운동이다.

최하 10개에서 최대 30여 가지의 동작으로 구성되어있는데 옛날의 국민체조, 마라톤대회에서 괜찮다고 생각하는 동작 등을 합쳐 내 나름대로 만든 것이다. 좌우로 목 돌리기 등·목 운동 5개, 앞뒤로 돌리기 등 팔운동 8개, 좌우로 돌리기 등 허리운동 3개, 좌우로 무릎 돌리기 등 발 운동 9가지, 발목 돌리기 등이다. 시간에 따라 한 동작을 10번, 20번, 30번 등으로 조절한다. 각 동작은 앞

뒤나 왼쪽 오른쪽으로 하면서 균형을 맞춘다. 보통은 10분 정도지만 30분까지 늘릴 때도 있으며, 여름철에는 온몸에서 땀이 흐르기도 한다.

♦ 출발하는 위치 잡기와 출발

출발 위치를 잡는 것은 중요하다. 특히 단거리에서는 보다 나은 기록과 순위를 내기 위해서는 더하리라 생각한다. 그렇기 때문에 참가자가 많은 경우에는 기록에 따라 출발 위치를 정하고, 그 출발 순서까지도 차이를 둔다. 풀코스를 처음부터 10번째 정도 뛸 때까지는 중간보다 앞쪽에서 출발하기 위해 애썼다. 어떤 때는 주제넘게 선두에서 몇 번째 줄에 선 적도 있다. 이런 날은 거의 반은 죽었다고 보아도 된다. 일류 아마추어 선수들을 따라 처음 뛰쳐나갈 때는 힘이 넘치고, 몸 상태도 최상이지만 이게 과연 얼마나 지속되는가? 답은 명확하며, 5km도 채 가지 못하고 심각한 문제가 생겼음을 곧 깨닫게 된다. 실력보다는 욕심이 지나치고, 뭔가 될 것도 같다는 기대감 때문에 반복적인 실수를 하였다.

대회에 참가하고 완주하는 횟수가 늘어나면서 분수를 알게 되었고, 가급적 뒤쪽에 자리를 잡는다. 참가자가 많을 때, 출발점에서는 자발적으로 뛴다기보다는 휩쓸려간다는 게 맞는 표현일 것이다. 평균 속도에 미치지 못하거나 가만히 서있다가는 달리는 물결에 쓰러지고 밟혀 크게 다치거나 어쩌면 죽는 불상사가 일어날지도 모를 일이다.

세상 모든 사람에게는 저마다의 분수(分數: 자기의 신분이나 처지에 알맞은 한도)가 있다. 자기가 가진 능력을 벗어나 까불면 상처를 입는 것은 물론, 주변 사람들로부터 비난을 받는다. 반대로 능력은 있지만 드러내지 않거나 모자란 척하면 오히려 위로를 받고 겸손하다는 얘기를 듣는다. 이것은 마라톤을 비롯하여 모든 스포츠와 일상생활 속에서 비슷하다고 생각한다.

'오버 페이스'라는 말이 있다. '운동 경기나 어떤 일을 자기 능력이나 분수 이상으로 무리하게 하는 일'을 뜻하는데 일(업무)보다는 운동경기에서 자주 사용되는 표현이라 여겨진다. 이것은 속도경기에서 대표적으로 나타나며, 새로운 기록을 만들고자 하는 모든 스포츠 종목의 공통된 현상이 아닐까 한다. 누구든지 남이 가진 이전의 기록을 깨트려버리고 자신이 최고가 되고 싶은 욕망을 갖고 혼신을 다해 도전하기 때문이다.

오버 페이스는 일반적으로 초반에 나타난다. 엄청 느린 내가 1km를 채 가기도 전에 이미 절뚝거리며 되돌아오거나 아랫배를 부여잡고 앉아있는 일류선수들을 가끔 본 적이 있다. 짐작건대 분명히 페이스 조절에 실패하였을 것이다. 이것은 풀코스를 비롯해서 운동의 전 과정에서 아무 때나 나타날 수 있다. 1km, 10km, 하프, 골인 지점 앞에서 각각 포기하였다면 어떤 차이가 있을까? 실패한 건 같고, 완주와는 전혀 다르다. 외부적인 원인이 아니고 연습 부족, 부상 등 나 스스로 통제할 수 있는 원인이라면 결국 페이스 조절에 실패한 것이다.

오죽하면 '페이스 메이커'가 있을까? 본래는 '육상, 수영 등에서 다른 선수를 위해 속도를 조율하는 사람이다. 즉 특정 선수가 대회에서 좋은 기록을 낼 수 있도록 만드는 일'을 한다. 하지만 마라톤이 보편화·생활화된 이후에는 참가자들이 일정한 시간(04:50, 04:30, 04:00…03:00 등)에 골인할 수 있도록 이끌어주고, 같이 뛰어주며, 격려해주는 역할을 한다.

✒ 풀코스 뛰기

완주기를 쓰기 때문에 출발할 때부터 도착할 때까지의 모든 상황을 기억하기 위해 무던히 애쓴다. 녹음할 수도 있지만, 굳이 그렇게까지 할 필요성은 느끼지 않는다. 기록은 나이와 연습량, 그날의 몸 상태, 날씨와 기온 등에 따라 들쑥날쑥하지만 늘 최저 목표는 정해둔다. 최고 기록이 3:29:44이고 최하는 5:36:17인데, 중간에 포기한 거까지 따진다면 애당초 기록이 없다고 해도 되겠다.

기록은 5km 단위로 끊어 손목시계를 보면서 기억한다. 출발부터 5km 통과까지의 시간과 분 4자리(08:25)를 외우는 것이다. 도착할 때까지는 4자리 수 8개(32개)를 잊지 말아야 하는데 나로서는 엄청 어려운 일이다. 이 때문에 처음 5km의 km당 걸린 시간(25분/5km=5분)을 기준으로 10km(08:53)에서는 −3(28분−25분

=3)식으로 방법을 바꿨다. 즉 숫자 9개만 연속적으로 기억하면 되는 것이다. 또한, 기억력이 나쁘기 때문에 잊지 않기 위해 반복적으로 되뇌며 계속 외운다.

코스는 보통 대회 요강에 안내가 되지만 자세하지 못한 경우도 더러 있다. 특정한 지역이나 건물 등을 기억하기 위해 노력한다. 105리나 되는 긴 코스 주변의 가깝거나 먼 곳의 풍경, 반환점을 향해 가거나 되돌아오며 달리는 선수들의 특별한 모습, 내 몸의 불편하거나 아픈 상태와 생생한 느낌, 음료수와 간식 제공, 구급차 배치와 구호, 자원봉사와 응원, 시민들의 반응 등을 머리 안에 상세하게 담는 것은 매우 어려운 작업이다. 하지만 많이 보고, 느끼며, 최대한으로 기억하기 위해 재생하기를 반복한다.

풀코스를 즐겁고, 쉽게 뛰었다는 생각은 단 한 번도 못했다. 나만 그런 거 같지는 않다. 30km를 넘어서면 힘들고 고통스러워하는 모습, 늘어지고 처진 모습, 포기하고 구급차에 실려 가는 모습들을 가끔 본다. 여러 가지의 여건이 잘 맞아떨어지고 기회만 된다면 풀코스에 도전하지만, 몸뚱어리는 별로 달가워하지 않는 거 같다. 달리기와 마라톤에 소질이 있었다면 누군가에게 일찍이 발견되었을 것이다. 하지만 뛴다. 잘 달리는 능력, 훌륭한 몸으로만 하는 게 아니다. 은근과 끈기, 고통을 참아내는 인내심, 정신력이 필수다.

✒ 주로에서의 급수와 물 마시기

　마라톤을 하면서 물을 마시는 것은 대단히 중요하다. 인간의 신체는 체중의 약 3분의 2가 물로 되어있다. 물질대사에서 생긴 노폐물을 용해시켜서 체외로 배출시키는 역할뿐 아니라, 체내의 갑작스러운 온도를 막아주는 등 여러 가지 기능을 해주고 있어 생리적으로 물이 필요하다. '탈수(脱水)'는 '몸 안에 들어있는 수분이 빠지는 것'이다. 탈수된 상태로 지속되면 순환하는 혈액량이 줄어들어, 쇼크가 발생하게 되며 계속 방치되는 경우에는 사망에 이르게 된다. 탈수증이 발생하면 열사병으로 진행할 수 있는 위험도 매우 커지게 되며, 증상은 심한 갈증, 소변 횟수의 감소, 피곤함과 무기력함, 두통과 어지러움, 피부와 혀의 마름, 정신의 혼동, 구역과 구토 등이다.

　마라톤 주로(走路: 골프, 경마, 육상, 수영 따위에서, 달리거나 나아가는 길/코스)에서는 물이 제공된다. 2.5km 또는 5km마다 마련되어있으며 자원봉사자, 학생 등 행사 진행 요원이 배치되어있다. 급수(給水: 물, 특히 음료수를 공급함)는 일반적으로 생수이지만, 이온음료, 스포츠음료, 콜라, 커피, 꿀물, 배즙, 따뜻한 물, 수박 화채, 얼음 등 다양하게 제공된다. 심지어 종이컵 한 잔의 막걸리를 마셔본 곳도 있다.

　사람의 체질상 계절과 날씨, 기온에 따라 물을 마시는 양은 달라진다. 춥거나 찬 눈비가 올 때와 덥거나 습도가 높고 비가 내릴 때와 똑같을 수는 없는 일이다. 몸 상태가 좋거나 나쁠 때에 따라서도 다르다. 마라톤은 오랜 시간 뛰어야 하므로 체력 소모와 수분의 배출이 대단히 많은 운동이다. 실력이 떨어지는 사람은 더 오랜 시간이 걸리므로 더 심하다고 할 수 있다. 낮 시간에 맨땅, 특히 이글거리는 태양 아래 뜨겁게 달궈진 아스팔트나 시멘트 도로 위를 뛸 때는 사우나에 버금갈 정도로 땀을 많이 흘린다. 추울 때는 덜하지만 그래도 몸을 계속 움직이므로 땀은 나오게 마련이다.

보통의 경우 급수대가 보이면 거의 빠짐없이 물을 조금이라도 마신다. 그 양은 시간이 지날수록 늘어나는데 당연한 현상이다. 계절과 날씨, 기온과 몸 상태에 따라 큰 차이가 난다. 비를 맞거나 눈이 올 때는 10km 정도는 마시지 않고 뛸 때도 더러있다. 탈진·탈수가 어느 정도 진행되어 몸을 지탱하지 못할 정도로 힘이 들거나 포기를 심각하게 생각할 때는 중간중간에서 일반인들이 건네주는 물이나 음료수를 얻어 마실 때도 더러있다. 수분 보충은 또 짧은 휴식을 할 수 있는 소중한 시간이 되므로 유용하게 활용하고 있다.

✒ 주로에서의 간식

마라톤을 하지 않는 일반인들이 뛰면서 간식을 먹는다는 얘기를 들으면 조금은 이해하기 어려울 것이다. 달리는 데 부담을 줄이기 위해 출발하기 3시간 전에 식사를 끝낸다는 것과 상반되기 때문이다. 간식은 급수대에서 같이 나눠준다. 통상 10km 단위이지만,

5km마다 주는 곳도 있다.

  간식으로는 초코파이(1/4 개, 반 개, 한 개), 바나나(1/4 개, 반 개, 한 개)가 가장 많이 제공된다. 비교적 당분이 많고, 열량이 높으며, 소화 흡수가 잘된다고 한다. 김밥, 방울토마토, 오이, 사탕 등도 볼 수 있으며, 간혹 파워젤이나 에너지젤 등을 나눠주는 곳도 있다.

  하프 도착하기 전까지는 거의 지나치지만, 아침 식사를 빵과 우유로 간단히 해결할 때에는 배고픔을 느끼므로 조금씩 먹게 된다. 그러나 그 이후부터는 얘기가 달라진다. 그날의 몸 상태에 따라 다르지만, 평균적으로 하프 지점은 2시간 넘어 통과하므로 체력 소모도 어느 정도 되었고, 상당히 지쳐있기 때문이다.

  일상생활을 할 때에도 간식은 별로 즐기지 않지만, 달릴 때도 마찬가지다. 한 곳은 건너뛰고 주로 바나나와 초코파이를 제공되는 음료와 함께 조금씩 먹는다. 식도락(食道樂: 곳곳을 다니며 여러 가지 음식을 두루 맛보는 것을 즐기는 일)이라는 말이 있듯 나라고 식탐(食貪: 먹을 것을 몹시 탐냄)이 없겠는가마는 뛰는 데 뒤탈이 생길까 무서워 참는 것이다.

✒ 주로에서의 휴식

  실력이 모자라면 힘이 들게 마련이다. 급수대가 보이면 거의 빠트리지 않고 물을 마시며, 간식도 간혹 먹는다. 위에서도 얘기했지만, 이때는 잠깐 쉴 수 있는 절호의 기회이다. 이마저도 하지 않으면서

맥이 빠져 서있는 것은 열심히 달리는 선수들에게 민망스럽고 창피하다.

하프까지는 있는 폼, 없는 폼으로 그런대로 자세를 갖추고 제법 달린다. 25km부터가 진짜 도전의 시작이다. 아직 17km라는 먼 거리가 남아있으므로 보통 일이 아니다. 뛴다고는 하지만 많은 경우 빨리 걷는 것이나 크게 다르지 않다. 그럼에도 온몸이 힘들고 아프기 때문에 멈춰 서서 팔운동, 허리 돌리기, 무릎 돌리기와 굽혔다 펴기, 발목 돌리기 등을 가끔 한다. 그럼 한결 상태가 좋아지고, 더 달릴 여력이 생긴다. 너무 힘들 때는 퍼져서 한동안 앉아있을 수밖에 없다. 힘들어 죽을 지경인데 창피고, 체면이고 없다. 목표는 가급적이면 제한 시간 안에 오직 골인하는 것뿐이다. 구급차에 실려 간 적이 한 번도 없는 건 참말로 다행스럽다.

♪ 주로에서의 대소변

대소변을 배설하는 것은 사람의 가장 기본적인 생리 현상이다. 먹고 마시는 게 있으므로 나오는 것은 당연한 일이다. 대부분의 선수들은 출발하기 전에 큰 것이건 작은 거든, 많건 적든 최대한 빼내기 위해 온갖 노력을 다한다. 나 또한 마찬가지다.

무엇을 하건 움직이면 소화는 더 잘된다. 가장 힘든 운동 중의 하나라는 달리기, 그것도 풀코스를 하면 오죽하겠는가? 뛰는 동안 많은 양의 땀을 계속 흘린다.

빠져나간 부족한 수분을 보충하기 위해 꾸준히 물 등을 더 마시므로 평상 때와는 다르게 입력과 출력의 흐름이 훨씬 향상된다.

2002년 마라톤을 처음 시작할 당시에는 도시의 중심도로를 전면 통제하고 임시코스를 만든 서울에서조차도 코스 주변에 따로 설치한 간이화장실을 본 기억이 없다. 그러나 수년 전부터는 환경에 대한 국민의식이 높아지고, 선수들의 편의를 고려하여 점차 개선되고 있으니 매우 다행스러운 일이다. 화장실이 거의 일정한 간격으로 가장 잘 설치된 곳은 한강변이다. 한강변만으로 코스를 만든 대회는 화장실 이용에 거의 문제가 없다. 그러나 신도림천, 안양천, 탄천 등 지류를 포함해서 만든 코스는 어려움이 있다. 지방 중소도시에서는 주로 외곽으로 주로를 만들기 때문에 기대할 수도 없지만, 모든 여건상 불가능한 일이다.

나는 비교적 소변을 오래 참는 편이다. 소변을 자주, 오래 참는 행위는 피하는 게 좋다고 말한다. 자칫 방광이 터질 수도 있고, 소변을 봐서 방광을 비워놓지 않으면 방광이 세균에 감염될 가능성이 있다고 한다. 참다가 더 이상 버티지 못할 상태에서 화장실을 찾지 못하면 으슥한 곳에서 빼낼 수밖에 없다. 대변의 경우에는 더욱 난감해진다.

출발부터 골인하기까지 화장실을 전혀 이용하지 않는 경우가 훨씬 더 많다. 참는 것도 연습이고, 오래 반복하면 그 능력은 길러진다. 큰일을 본 경우는 10여 차례가 채 되지 않으리라고 생각된다.

어느 지방의 대회인지는 밝히기 곤란한데 두 곳의 대자연 속에서 맑고 신선한 공기를 마시면서 큰일을 해결한 적이 있다. 주로에서 잘 보이지 않는 으슥한 곳을 선정하였음은 당연한 일이다. 휴지를 가지고 뛰지는 않으므로 끼었던 흰 장갑으로 마무리를 하였는데 시원하긴 했지만, 폐기물을 남겨 씁쓸했던 기억이 있다.

✏ 주로에서 즐기고 시간 보내기

시작하고 출발할 때는 힘도 넘치고, 신나고, 기대에 차있다. 시간이 지나면서 출발점에서는 멀어지고, 골인 지점으로 가까이 향해 가면서 갈수록 힘들고 어려워진다. 고통을 참고 견디며 뛰다가 마지막에 도전을 극복하고 성취의 기쁨을 만끽하는 게 마라톤의 맛이다.

힘들고 아프다고 마냥 죽을상으로 인상만 쓰고 달릴 일은 아니다. 간식 먹고 물 마시는 것도 큰 재미 중의 하나다. 앞서가거나 마주 오는 사람들의 모습을 보는 재미가 가장 좋다. 키가 작거나 크고, 몸매가 날씬하거나 건장하고, 옷을 잘 입거나 못 입고, 얼굴이 예쁘고 잘 생기거나 평범하고, 나이가 많거나 적은 등 각양각색의 개성을 가진 남녀노소를 볼 수 있다. 특히 출발할 때 뒤쪽에 서게 되면 수많은 사람과 마주치면서 나를 되돌아보고, 비교해볼 수도 있다.

자전거를 타고 오가는 마니아들은 어떤 면에서 뛰는 데 가장 큰 장애가 된다. 그 사람들로서는 달리는 선수들이 큰 문제이고 불편하다고 생각할 것이다. 산책로와 자전거도로를 마라톤 코스로 이용하니 당연하다 하겠다. 인정사정없이 빠른 속도로 타는 경우를 가끔 보는데 깜짝깜짝 놀랄 때가 여러 번 있다. 아직까지 접촉사고를 당하지 않은 건 서로에게 행운이고 복이라고 할 수 있다. 혹시 부딪치기라도 하면 다치고, 말썽이 생기고, 행사 진행에도 지장이 초래되고, 보험 등 사후 수습 문제가 발생할 것이다. 하지만 바싹 긴장하게 해주니 뛰는 데는 자극이 된다.

뛰면서 보는 계절마다 달라지는 아름다운 풍경, 한가로이 여유롭게 산책하는 사람들, 주로 주변의 각종 체육시설에서 운동하는 모습들, 힘들다고 격려해주고 잘 뛰라고 응원해주는 사람들이 고통을 덜어주고, 힘을 보태주고, 더 뛸 수 있는 용기까지 북돋워 준다. 이런 것들은 대회에 참가하기만 하면 원하건 그렇지 않건 누구에게나 주어지는 기회이다. 생각할수록 정말 반갑고 고맙다.

나로서는 25km 넘어서부터 힘들어진다. 이때부터는 1부터 1,000까지 숫자를 세면서 달리는데 참으면서 한 개라도 더 늘리기 위해 애쓴다. 그럼, 한결 나아지고 뛰는 거리가 연장된다. 더 이상 뛰지 못할 상황이 되면 목표 숫자도 채우지 못하고 뛰다 걷기를 반복할 수밖에 없다.

또 한 가지는 반환점을 돌거나 30km를 넘어서부터 내가 추월하는 선수들의 숫자를 세는 것이다. 따라 잡히게 되면 숫자를 뺀다.

이것도 몸 상태가 좋을 경우에는 상당히 크게 동기부여가 되고, 운이 좋으면 기록을 단축하기도 한다. 그러나 그렇지 못할 경우에는 엄두도 내지 못할 얘기다.

부상 예방과 포기하기

마라톤을 하다 부상을 당하는 경우가 간혹 있다. 심지어는 내가 참가한 대회에서 사망사고가 발생했다는 보도를 본 적도 있다. 다행스럽게도 19년 4개월째 달리고 있지만 발톱을 다치거나 빠짐, 발가락과 뒤꿈치에 물집이 생기는 등 작은 부상을 제외하고 크게 다친 기억이 없다. 하지만 달리는 것을 중단해야 할 상황에서 너무 무리하게 끝까지 완주함으로써 스스로 몸을 망가뜨려 2년 이상 뛰지 못한 적도 있다. 돌이켜보면 정말 무모하고 미련한 판단이고 행동이었다.

사망의 원인은 실력에 대한 지나친 자만심, 몸 상태를 무시하고 기록주 하다 산소 공급 부족에 따른 심장마비, 당뇨·혈전 등 지병을 모르는 경우, 무더위에 무리하게 달리다 4대 미네랄(나트륨, 칼륨, 칼슘, 마그네슘)이 빠져나가는 경우 등이라고 한다. 생명을 지키는 것보다 중요한 게 어디 있는가? 자기의 몸 상태를 잘 파악하고 그에 맞춰 뛰어야 한다.

마라톤 온라인 등의 자료에 따르면 부상은 발목, 허리 등 신체의 여러 부위에서 발생할 수 있다. 발과 발목 부위는 족저근막염(발바닥 및 발뒤꿈치), 발목 삠, 아킬레스건 다침, 물집 생김, 발톱의 피멍과 빠짐, 발등 통증, 안쪽 복사뼈와 안쪽 복사뼈 위 통증 등이 있다. 무릎에는 무릎 바깥쪽 통증, 슬개골 아래 통증, 무릎 안쪽 통증, 슬개골 안쪽 통증, 무릎에 물이 차는 경우 등이 있다. 다리에는 정강이 통증, 슬굴곡근 부상, 쥐가 남, 피로 골절, 종아리 통증, 종아리 근육 굳어짐, 다리 길이 차이 증후군 등이 있다. 복부 및 허리에는 디스크, 옆구리 통증, 달리기 중의 설사, 골반 피로 골절 등이 있다. 기타 부위로는 두통, 근육통, 맥박의 변화, 피오줌, 간 기능 장애, 현기증, 피로의 누적, 가슴 통증 등이 있다.

　부상의 주요 원인은 체력 수준에 비해 지나치게 달릴 경우, 준비운동이 부족하거나 유연성이 떨어지는 경우, 대회에 자주 참가하는 경우, 체중이 무겁고 체지방량이 많을 경우, 딱딱한 노면을 자주 달리는 경우, 러닝화의 선택이 잘못되었을 경우, 달리기의 자세가 올바르지 못할 경우 등이다.

　치료의 기본은 달리기를 자제하는 것이라고 한다. 부상의 예방을 위한 6가지 핵심내용은 신체 데우기(워밍업), 근육 펴주기(스트레칭), 완주 뒤 몸풀기(쿨링 다운), 적절한 신발과 안창 사용, 달리기에로의 순화(順化: 적응), 체력적으로 여유 가지기 등이다.

　풀코스대회에 참가하여 3번 포기하였다. 포기한 이유는 뛰다가 죽을까 봐 겁이 나고, 부상을 당하지 않기 위해서이다. 쉽고, 여유롭고, 재미있게 즐기면서 달린 기억은 거의 없다. 오죽 힘들고, 고통스럽고, 아프면 포기하였을까? 하지만 지금 생각해봐도 잘 그만 둔 거 같다. 완주라는 절대 목표를 이루기 위해 더 무리해서 달렸다면 심각한 부상이나 그 이상의 대가를 치렀을지도 모를 일이다. 도저히 견뎌낼 수 없다면, 다음 기회로 미루면 되는 것이다. 특히 건강을 지키고, 즐기기 위해서 달리는 마니아라면 더욱 그러하다.

11. 뛰고 난 뒤 해야 할 일들

✎ 기념품과 간식

 골인하면 진행 요원이 가장 먼저 생수를 나눠준다. 그렇지 않은 경우도 가끔 있는데 부스를 찾아 직접 받으면 된다. 나와 같은 수준의 많은 선수들은 무척 지쳐있고 거의 탈진 상태에 놓여있다. 목이 마르고 타들어 가므로 물을 찾을 수밖에 없기 때문에 선수들에 대한 기본적이고도 당연한 절차라 생각한다.

 공식적인 기념품은 등 번호와 함께 미리 집에서 받게 된다. 그렇지만 주최 측에서 완주자를 위하여 뜻밖의 기념품을 준비한 경우가 간혹 있다. 일반적으로 그 지역의 특산품인 1kg 안팎의 쌀, 포도, 옥수수, 고구마, 복분자즙, 도자기 등인 것으로 기억한다. 대단히 반갑고 주관단체와 해당 지방자치단체장의 세심한 배려가 너무 고맙게 느껴진다. 목적은 향토 특산물을 소개함으로써 그 지역을 널리 알리고, 특산품의 판매 증진으로 지역 주민의 소득을 향상시키기 위함이다. 이것은 '덤'이라 할 수 있는데, 소비자의 기분을 좋게 하여 더 사게 만들고, 단골을 확보하는 좋은 수단과 방법이 되는 것이다. 일부러 돈 주고 사서도 먹는데 받지 않을 까닭이 전혀 없다. 나는 주는 대로 거의 모두 받은 거 같다.

간식은 모든 대회마다 지급되는데 같은 대회가 아니면 거의 반 이상은 다르다고 할 수 있다. 간식의 기본은 빵과 우유인데 그 종류가 그렇게 많은 것에 새삼 놀랐다. 이것에 한두 가지를 보태거나 하나를 빼고 한 가지 이상을 더 바꾸는 식으로 구성된다. 그 종류는 초코파이나 초콜릿 과자류, 바나나, 연양갱, 커피 캔, 꿀물, 비타민·이온·과일 음료, 과자류 등 매우 다양하다.

언제인가부터 별도의 먹거리를 주는 곳도 늘어나고 있다. 대단히 반갑고 고마운 현상이다. 먹거리의 기본은 국수와 김치, 두부와 막걸리이다. 이 밖에 떡국, 부침개 등이 제공되기도 한다. 대부분의 음식들은 그 고장에서 생산되는 토산품을 재료로 하고 있는 듯하다.

나처럼 잘 뛰지 못하고 뒤에 처지는 참가자들은 골인할 때 지치고 허기져있다. 빠른 선수가 달린 2배 이상의 시간을 길에서 헤맸으니 그 몸이 어떻겠는가? 먼저 기념품과 간식을 받은 뒤 먹거리가 있으면 그곳으로 간다. 대부분의 대회에서는 음식만 남아있으면 배급을 받아 맛나게 먹으며 허기진 배를 채운다. 그러나 너무 늦어 가끔은 그런 호사를 누리지 못하는 경우가 있는데 내 뒤처진 실력을 후회하지만 매우 아쉽다. 어느 정도는 배고픔이 해결되며 정말 맛있게 먹었다는 감사의 인사를 하게 된다.

남은 간식은 짐이 되기도 하지만 뒷날 집에서 맛있는 간식거리가 된다. 먹거리가 없을 때는 간식을 남김없이 깨끗하게 먹어치운다. 그러면 사라졌던 힘이 생기고, 원기가 회복되며, 이제야 조금 살

거 같다는 한숨과 함께 몸의 긴장이 풀린다. 이때쯤이면 세상만사가 귀찮고 그저 누워 푹 자고만 싶어진다.

✒ 몸풀기(쿨링다운)

모든 선수들이 달리기 전에는 체조와 스트레칭으로 잘 뛸 수 있는 몸을 만들기 위해 엄청 노력한다. 부상 등 예상치 못한 사고를 미리 예방하고, 꿈과 희망인 보다 더 좋은 기록을 만들기 위해서이다. 주최 측에서도 사회자, 전문 마라토너, 치어걸, 에어로빅팀, 스포츠댄스 전문가 등을 단상에 세워 그런 분위기를 북돋는다. 조그만 인명사고라도 발생하면 대회의 명예가 실추된다. 또한, 보상 문제가 발생하기 때문에 안전사고 없이 깔끔하게 끝마치기 위한 최상의 선택이고 당연한 노력이라고 생각한다. 몇백에서 몇천 명까지의 수많은 참가자가 한 사람의 지휘에 따라 일사불란하게 체조하고 스트레칭하는 모습은 장관이고, 아름답기까지 하다. 그러나 만 명 이상의 대규모가 되면 사실상 불가능하기 때문에 이뤄지지 않는 경우가 대부분이다.

그러나 완주하고 난 뒤에 몸을 푸는 모습은 쉽게 찾아보기 어렵다. 내가 늦게 도착한 이유도 있겠지만, 가뭄에 콩 나듯이 드문드문 볼 수 있다. 아마도 지치고 힘든 까닭도 있을 것이다.

나는 거의 단 한 번도 빠지지 않고 몸 뒤풀기(나만의 표현임)를 한다. 체력은 약하고, 실력은 모자라는데 맨손체조와 스트레칭마저도 안 한다면 어떻게 달리기 마니아로서 온전하게 몸을 지킬 수 있는가 하는 최소한의 양심과 의무감이라고나 할까? 그나마 아직까지도 달릴 수 있는 원동력이 되는 가장 기본적인 체력 관리의 방법이라고 감히 자신한다. 이것은 일상생활에서도 하루 중 아침이나 저녁 시간을 이용하여 한두 번은 반드시 하는 기본적이고도 습관적인 운동이다.

✏ 식사와 축하주 마시기

골인한 뒤에 나눠주는 간식만으로는 배고픔을 온전히 해결하지 못한다. 나뿐만은 아니라고 믿는 건 간식은 어디까지나 간식이기 때문이다. 특히 나와 같이 오래도록 주로에서 헤매다가 늦게 들어온 사람들에게는 더욱 그러할 것이다.

일상생활에서도 영양이 고루 갖춰진 균형 있는 식사는 대단히 중요하다. 최소한의 건강 유지부터 더 나은 상태의 몸과 정신 관리, 바람직한 사회 및 직장 생활을 하기 위해서도 마찬가지이다. 건강한 정신은 건강한 육체에서 나오는 데 그 기본은 식사이기 때문이다. 세 끼를 시간 맞춰 정해놓고 적지 않은 양을 매일 같이 먹는 것은 생명을 온전히 지키는 것 등 여러 면에서 그만큼 중요하기 때문일 것이다.

나는 앞에서도 몇 번 얘기하였지만, 식사량이 그리 많지 않다. 세 끼를 꼭 지켜 올바르게 먹지도 않는다. 특히, 마라톤 대회에 참가하는 날은 평상시보다 못한 경우가 더 많다. 심지어 새벽 서너 시쯤에 빵과 우유 한 개씩 먹은 뒤 13시경 풀코스 완주하고, 15시쯤에 제대로 된 아침 겸 점심을 먹은 적도 간혹 있다. 뛰면서 주로의 간식과 골인한 뒤 나눠주는 간식을 먹기는 하지만, 스스로 판단하기에도 남들에 비해서는 지나치게 먹지 않는 것은 아닌가 하는 생각이 들기도 한다.

많은 경우 혼자이기 때문에 이때 먹는 식사도 순대국밥, 감자탕, 설렁탕 등 탕 종류와 김치·된장찌개, 제육 백반 등으로 제한적이다. 그 이유는 혼자이기 때문이며 삼겹살이나 등심구이, 불고기 등은 주문하기가 거의 불가능에 가깝다. 이런 음식들도 1인분을 팔면 좋으련만 그래서는 영업의 타산이 맞지 않는가 보다. 하지만 앞의 음식들만으로도 충분하며 매우 만족스럽다.

이건 평상시에 늘 먹던 밥맛이 아니다. 꿀, 사탕, 케이크가 이렇게 달까? 먹는 것에 있어 비교할 음식은 아무것도 없다. 뭘 먹어도 입에 맞고, 맛있다. 사장의 음식 솜씨가 최고로 여겨진다. 먹는 대로 100% 소화가 이뤄지는 것도 같다. 내 입은, 위장은 왜 이렇게 거침없이 잘 받아주는 것인지? 주인에게 눈치가 보인다 싶을 정도로 깨끗하게 싹 비우는데 평상시와 비교해보면 분명 과식이다. 아직도 더 먹고 싶은 욕구는 있으나 아쉽지만 참는다. 아직까지 뒤탈은 단 한 번도 없다.

두 사람 이상과 어울려 식사를 하게 되면 분위기는 좋지만, 내 몸에는 도움보다는 오히려 손해가 된다. 술은 완주의 기쁨을 함께 하고. 축하하며, 분위기를 띄우기 위해 어느 정도는 필요하다. 그러나 밥 먹는 것보다는 대화 나누고 술 마시는 것을 더 좋아하므로 식사는 뒷전이고, 술에 매달리기 때문이다.

그럼에도 불구하고 가끔 참석했던 모든 단체의 야외나 실내의 식사 장소는 기억에 남는다. 힘겹게 완주한 뒤의 자리이기 때문에 그 어떤 축하의 순간보다 흥겹고, 재미있고, 명랑하며, 소란스러울 정도로 시끌벅적하다. 술잔이 바쁘게 돌아가는 만큼 회원들 간의 우의와 정이 돈독해지는 거 같다. 고독하게 달리고, 힘겹게 완주하여 도전과 극복, 성취와 자아실현을 하는 것도 중요하다. 그러나 사람들과의 만남, 동고동락하면서 공감하고 동질감을 느끼는 이런 자리의 분위기가 좋아 달리고 또 달리는 것은 아닐까?

혼자서 참가하는 경우, 완주 축하는 반주로 소주 한 병이면 적당하고 충분하다. 더 마실 수 있고, 더 마시고 싶지만 대중교통을 이용하여 귀가해야 하므로 옆자리의 승객이나 차 안에 술 냄새를 너무 풍기면 결례가 되기 때문에 자제해야만 한다. 그러나 가끔은 고조된 분위기를 억누르지 못하고 2병까지 마신 경우가 있는데 무척 죄송스럽고 얼굴을 드는 것도 창피스럽다. 이럴 때는 입 꽉 다물고 곯아떨어져 자는 수밖에 달리 방법이 없다.

단체로 참가할 때는 얘기가 전혀 달라진다. 보통 마라톤 선수들이 술을 잘 마시고, 주량도 많다. 오랜 시간 달리기 때문인지 오래도록 끈질기게 마신다. 나도 달리기는 못 하지만 이쪽에서는 남에게 결코 뒤떨어지지 않을 정도이다. 완주 뒤 식사하면서 술판이 벌어지면 동해에 도착할 때까지 계속되는 경우도 가끔 있다. 문제는 여기서 끝이 아니라 도착한 뒤에도 해단식으로 이어지는 경우가 있는데 참가자들이 대부분 귀가하고 그 자리가 끝날 때까지 자리를 지키는 쪽이다. 건강을 유지하고 향상시키기 위하여 시간과 돈 들여 마라톤을 하는 데 건강을 해칠까 걱정할 정도로 과음을 하는 건 분명 바람직스럽지는 못한 일이다.

✒ 목욕하기

골인하고 나면 온몸은 땀과 소금기로 뒤범벅되어있다. 얼굴에서는 달라붙은 소금이 손으로 문지르면 떨어질 정도이고, 온몸은 미끈미끈 기분도 별로 좋지 않다. 도착하자마자 가까운 곳에 샤워 시설이 있다면 곧바로 간단히 씻고, 마른 옷으로 갈아입으면 기분은 최상일 것이다. 하지만 현실은 전혀 그렇지 않다. 참가 규모가 그리 많지 않은 지방대회의 경우에는 대회장소인 종합운동장, 온천장, 찜질방 등의 샤워 시설을 제공할 때도 있다. 일시에 많은 사람이 몰려 난장판 같고, 더러는 불편하지만 가볍게라도 씻고 나면 개운하고 시원하며 한결 낫다.

나는 앞에서 찜질방을 주로 숙소로 이용하고 있다고 밝혔다. 대부분의 찜질방은 목욕탕을 운영하고 있다. 장소는 이미 알고 있으므로 목욕을 할 것인가 말 건가는 시간 여유에 달려있다. 이것은 식사시간과도 관련된다. 대회가 토요일인 경우에는 당일 귀가해야 할 특별한 이유가 없으면 하루 여유가 있으므로 시간은 넉넉하다. 그러나 일요일인 경우에는 귀가하는 차편 때문에 시간에 엄청 쪼들린다.

버스를 탈 시간이 어중간할 때에는 식사를 하고 배를 채울 것인지, 조금은 깨끗하고 상쾌한 몸을 만들고 혹시나 옆 좌석에 앉을 승객의 불쾌감을 덜어주기 위해 샤워를 할 것인지를 결정해야 한다. 이럴 땐 주최 측에서 나눠준 간식이나 먹거리로 요기를 하였으므로 식사보다는 목욕 쪽을 택한다. 보통은 예매할 때 여유롭게 식사하고, 샤워도 할 수 있도록 충분한 시간을 확보하기 위해 노력한다.

목욕할 때는 온탕, 냉탕, 안마탕 등을 부지런히 돌아다닌다. 알몸이므로 수많은 사람들의 시선을 의식하지만, 전혀 개의치 않고 맨손체조와 스트레칭을 함으로써 뭉치고 놀란 근육을 풀어준다. 마라톤을 시작한 초창기, 아직은 젊은 축에 속한 육체이기 때문에 건식과 습식 및 보석사우나 등 한증막과 여러 곳의 찜질방을 드나들었는데 나이가 들어가면서 이용 시설과 그 빈도는 갈수록 줄어들고 있다. 일상생활을 할 때도 퇴근하여 바로 귀가하거나 회식을 끝낸 뒤 늦은 시간에 귀가하여 몸을 씻고 나면 피로가 싹 사라지고, 기분이 상쾌해진다. 풀코스를 뛰고 난 뒤 땀으로 뒤범벅된, 끈적끈적한 몸을 깨끗이 씻어내면 그 기분은 평상시와는 비교할 바가 되지 못한다.

◈ 귀가하기

마라톤 대회 참가한 뒤에 가장 중요한 것은 일요일 또는 월요일 아침 동해시에 도착하여 무사히 출근하는 일이다. 모든 관심과 생각은 직행 또는 고속버스의 연결시간에 맞춰 움직이게 된다. 아직까지는 대중교통편이 늘 잘 연결되었고, 게으름을 피우거나 실수하여 늦게 도착함으로써 지각하거나 결근한 적은 없다. 지금 돌이켜 보면 아무리 마라톤을 좋아한다고 하더라도 한동안은 그것에 미쳐 제정신은 아니었던 거 같다. 지금도 주위 친한 사람들로부터는 가끔 "마라톤에 정말 미쳤다"는 얘기를 듣고 있는 게 사실이다.

서울은 가장 많은 대회가 열리고, 자주 참가하는 곳이며, 교통편이 제일 편안한 곳이다. 시내버스나 택시도 몇 번 이용하지 않았으며, 지하철이면 몽땅 해결되므로 시간과 경비를 절약할 수 있다. 시외버스, 고속버스, 열차 등 차편이 다양하게 연결되므로 내 마음대로 귀가시간을 조정할 수 있으니 전혀 부담이 없다. 인접 도시인 삼척이나 강릉을 제외하고는 오히려 강원도청 소재지인 춘천보다도 마음의 여유가 생긴다. 강원도 내이지만 철원, 화천은 다른 도와 별반 차이가 없이 오래 걸리고 교통편도 불편하다.

그밖에 다른 곳은 무사한 귀가를 위해 늘 시간과의 싸움을 해야

만 한다. 경기도의 수원과 과천, 인천광역시의 경우에도 대회장에서 동서울까지 이동하는 데 2시간 이상은 걸렸던 것으로 기억한다. 파주와 안산 대부도는 훨씬 더 많은 시간이 걸렸다. 광역시인 대구와 대전, 세종특별자치시는 서울과의 차편이 많기 때문에 비교적 나은 곳이다.

충남의 청원, 경북의 경주, 포항, 안동, 영덕, 울릉, 전북의 고창과 남원, 경남의 통영, 여수, 거제, 사천, 전남의 해남, 광양, 보성, 순천 등은 1박 2일의 일정을 빠듯하게 다녀온 곳들이다. 전라 남·북도, 경상 남·북도에 소재한 곳의 대회에 참가할 경우에는 심야버스를 이용 일요일 24시 가까이 또는 월요일 새벽 2~3시쯤에 귀가하였다.

차편은 일반적으로 다음과 같은 경로로 이어진다. 대회장에서 지방 도시 터미널까지는 주최 측의 셔틀버스나 시내버스 또는 택시를 탄다. 지방 터미널에서 동서울이나 서울 고속터미널에 도착하기까지는 최하 1시간에서 7시간 정도 소요된다. 일단 여기만 도착하면 마음이 편안해지고 여유가 생기며, 늦은 저녁 식사를 하게 된다. 이후에 심야버스를 타고 동해로 이동한 뒤 다시 택시를 이용 집으로 향한다.

가장 늦게 귀가를 한 경우는 동해까지 불과 40분 거리인 강릉에서 하룻밤을 잔 것이다. 심야버스가 강릉까지만 연결되고 동해는 끊어진 것이다. 5만 원의 택시를 타고 동해로 갈까 고민하다 차라리 강릉에서 좀 더 편안하게 자고 난 뒤 아침 일찍 버스를 이용 동해로 가는 것이 비용도 아끼고 더 낫겠다 싶어 아내에게 양해를 구했다. 40대, 50대 초반까지는 이렇게 다소 무리한 일정을 힘들다 여기지 않고 부담 없이 소화했는데 몇 년 전부터는 엄두를 내지 못하고 있다.

12. 참가한 대회의 여운 남기기

✒ 여운은 왜 남겨야 할까

'여운(余韻)'은 '어떤 일이 끝나거나 현상이나 시기가 다한 뒤에 아직 가시지 않고 남아있는 운치'를 말한다. 지금 이 글을 쓰고 있는 이유도 풀코스 100회 완주의 여운을 마음속에만 남겨두기에는 아깝기 때문이다. 마라톤을 왜 시작하였는지, 어떻게 뛰며 여기까지 왔는지 보고, 듣고, 겪고, 느낀 생생한 경험을 기록으로 남기기 위해서이다.

사람들이 저마다 모든 일을 할 때는 나름대로의 분명한 목표가 있다. 그것을 이루기 위해 할 수 있는 모든 수단과 방법을 동원하여 최선을 다하면서 부단히 노력한다. 이룰 때는 정도의 차이가 있을 수 있고, 최종 목표에 가까이 가보지도 못하고 포기할 수도 있다.

목표를 이루어가는 과정에서 수많은 일을 겪게 된다. 사람은 일곱 가지 감정을 갖고 있다고 한다. '기쁨, 노여움, 슬픔, 즐거움, 사랑, 미움, 욕심' 또는 '기쁨, 노여움, 근심, 생각, 슬픔, 놀람, 두려움'을 이른다. 이 밖에도 또 다른 감정과 더 복합적인 감정들도 있다고 생각한다.

세상의 모든 일은 사람과의 관계에 따라 이루어진다. 자기 혼자

만의 생각과 뜻과 힘으로 이루어낼 수 있는 일은 단 한 가지도 없을 것이다. 그리고 이 복잡미묘한 감정에 바탕을 둔 갖가지 일들이 일어날 수 있고, 결국에는 어떤 순간, 어느 장소에서든 맞닥뜨리게 된다.

📌 단지 뛰는 것만으로는 아쉽다

마라톤은 어떠한가? '인생의 축소판'이라는 비유를 많이 한다. 살아가는 과정만큼 우여곡절(迂余曲折: 여러 가지로 뒤얽힌 복잡한 사정이나 변화)이 있고, 파란만장(波瀾万丈: 물결이 만 길 높이로 인다는 뜻으로, 일이 진행되거나 인생을 살아가는 데 기복과 변화가 몹시 심함을 이르는 말)하다는 뜻일 것이다.

마라톤이 대체 뭔지 전혀 관심이 없는 사람도 있고, 오직 건강을 위해서 걷거나 달리는 사람들도 많을 것이라 생각한다. 가급적 신경 쓸 일은 만들지 않고, 이것저것 얽히고설켜 복잡해지는 것은 더 싫어하는 게 인지상정(人之常情: 사람이 보통 가질 수 있는 마음)일 게다. 남들이 하는 것에 대해서조차도 "왜 저렇게 힘들고 복잡하게 사는 것일까?" 하는 불편한 마음까지 갖는 사람들도 있다. 나 또한 그런 유형 중의 하나라고 할 수도 있을 텐데 누가 뭐라고 하건 괜찮다. 나만의 목표가 있기 때문이다.

여운은 어떤 방법으로 남길 수 있을까? 혼자서만 즐기는 사진 촬영, 기행문이나 일기 쓰기 등의 방법이 있을 수 있다. 더 나아가

내 감정을 타인과 공유하면서 정보를 제공하기 위하여 책 출간, 페이스북 등 SNS 게재, 언론 매체와 잡지류 기고 등 보다 다양한 방법을 활용할 수도 있다.

나도 처음에는 오직 달리는 것에만 목적을 두었다. 시간이 지나면서 마라톤에 대한 경험과 지식이 늘고 그에 대한 생각이 바뀌었다. 처음에는 여정을 간략히 기록하여 개조식(個条式: 글을 쓸 때, 앞에 번호를 붙여 가며 중요한 요점이나 단어를 짧게 나열하는 방식) 일기로 남겼다. 그것들이 다시 짧은 완주기로 바뀌었고, 조금씩 발전하여 보다 더 긴 글로 썼다. 오래도록 깊이 있게 생각한 뒤에 마라톤 온라인 등의 사이트에 올리기도 하였으며, 지방행정지 등의 잡지에도 원고를 보내 게재되기도 하였다. 써놓은 글이 상당한 분량이 되므로 더 용기를 내어 출간을 결정하였으며, 마침내 2009년 2월에 『마라톤, 아무것도 아니다』라는 첫 번째 완주기 모음집이 세상에 나오게 되었다.

인터넷이 보편화되면서 언제부터인가 지식정보화, 세계화라는 말들이 등장하였다. 카페, 블로그, 페이스북, 트위터, 유튜버 등의 듣도 보도 못한 말들이 새로 생겼고, 이런 것을 배우고 따라 하지 못하면 마치 세상일에 뒤처지는 것 같은 인상을 가지게 되었다. 아직까지도 서툴고 어설프지만, 카페와 블로그를 만들어 나만의 글을 올리고 있다. 유튜브는 배우고 싶지만, 마음과 시간이 따라주지 않는다. 하지만 언젠가는 할 수 있을 거란 기대를 가지고 있다.

13. 마라톤과 자아실현

🏃 자아실현은 뭘까

마라톤으로 자아를 실현할 수 있을까? 다음 백과사전은 자아실현을 '하나의 가능성으로 잠재되어있던 자아의 본질을 완전히 실현시키는 일'로 정의하고 있다. 자아실현에 대해 아리스토텔레스는 '인간의 본질을 합리성으로 보고, 그것을 최대한으로 발휘함으로써 인간의 궁극적인 목적인 행복에 이를 수 있다'고 했다. 프롬은 '인간이 자신의 잠재적 가능성을 창조적으로 발휘하고 실현하는 것을 생산성이라는 말로 표현했다. 생산성은 창조성과 같은 의미를 지니고, 생산성은 인간의 특유한 잠재적 가능성을 인간이 실현하는 것, 다시 말해서 힘의 사용'이라고 하였다. 매슬로는 '성장 동기가 계속적으로 충족되는 것'이고, 브라멜드는 '문화에 의해 성립된 사회 속에서 자신의 가능성과 잠재력이 발휘되는 것'이라고 설명하였다.

사전적 정의와 여러 학자의 표현을 살펴보면, 자아실현의 방법은 무궁무진하지 않을까 하는 생각을 갖게 된다. 사람마다 정신과 신체 등 그 기본적인 능력과 주어진 환경 등이 저마다 다르기 때문에 그에 따라 자아실현이라는 것도 각양각색이지 않을까? 생각하고 받아들이는 관점에 따라 마라톤과 자아실현이 연결되는 것도 같고, 아닐 수도 있겠다. 그렇지만 나로서는 마라톤이라는 육체적인 활동이 정신적인 자아실현의 한 방법일 될 수도 있다고 여겨진다.

뛰는 게 불가능할 정도의 장애가 없다면 누구나 달릴 수 있다. 뛰는 게 가능하다면 마라톤, 특히 풀코스에 도전할 수 있다. 달리기 위해서는 먼저 걸어야 한다. 천천히 걷기 시작해서 속도를 높이고, 거리를 늘려가면서 다리근육과 심폐기능을 강화하여 뛸 수 있는 몸을 만들어야 한다. 달리기도 1km부터 시작해서 5km, 10km, 하프 등으로 종목을 바꾸면서 연습하고 잘 달릴 수 있도록 능력을 향상시켜야 한다. 이 과정은 절대 쉽지 않다. 강인한 체력과 의지, 뚜렷한 목표와 그것을 이루기 위한 뜨거운 열정이 있어야 한다. 두려움과 실패를 겁내지 않는 도전정신과 용기도 필요하다. 풀코스 완주는 육체와 정신이 혼연일체가 되어 이루어낼 수 있는 자아실현의 수단이자 방법인 것이다.

✒ 19년 3월 만에 풀코스 100회 완주

2021년 10월 10일 풀코스(100km 울트라 1회 포함) 100회를 완주하였다. 2003년 9월 제2회 김제 지평선마라톤대회에서 첫 번째 풀코스를 완주한 이후 18년 12일 만에 이룬 결실이다. 2001년까지만 하더라도 달리기라는 운동을 시작하게 될지, 그리고 너무나 힘들다는 풀코스에 도전하리라고는 전혀 생각하지 못한 일이었다.

그러나 첫 완주 뒤에 마라톤에 푹 빠지게 되었다. 1%의 성공 가능성도 자신할 수 없었지만, 막연히 1차 목표로 100회 완주를 정했다. 10보다는 100이라는 숫자가 더 꽉 찬 듯한 느낌을 주었고, 엄청 이루기 힘든 목표라는 생각이 들었기 때문이다.

처음부터 100번째 도전할 때까지 늘 어렵고 힘들지만 완주할 자신이 있었다. 풀코스를 뛴다는 게 쉽다거나 아주 재미있다는 생각은 가져본 적이 거의 없다. 확실한 목표가 있었고, 그것을 하나씩 달성함으로써 고통 끝에 오는 성취감과 희열, 그리고 행복감을 느낄 수 있었기에 달린 것이다.

✒ 자아실현과 관련된 의미 있는 낱말

자아실현이라는 것을 염두에 두고 글을 쓰기로 정하니 떠오르는 단어들이 참 많다. 각 낱말의 우선순위는 없으며, 이것들은 꼭 나의 마라톤에 국한되지는 않을 거 같다. 모든 단어는 원인과 결과, 필요와 충분조건, 수단과 방법, 상호 보완 등 서로 연관관계를 맺고 있다.

첫째는, 목표인데 '활동을 통하여 이루거나 도달하려는 실제적 대상으로 삼음'이다. 목표 없이 아무것도 없다고 한다면 너무 비약일까? 희망하는 학교 진학 및 취업, 경쟁 상대보다 빠른 승진, 동경하는 상대자와의 결혼, 소망하는 부의 축적과 명예의 획득 등이 어려운 일들은 모두가 꿈꾸는 희망이고, 목표이다. 부정적인 방향으로 목표를 정하는 사람은 없을 것이다. 예상치 못한 일들이 우연으로 이뤄지는 경우도 더러 있다. 좋은 일도 있지만, 그렇지 못한 경우도 있을 수 있다. 자아실현의 관점에서 보면 목표하지 않은 성과는 운에 불과할 뿐, 아무것도 아니다. 실현가능성 있는 목표를 확실하게 정해야 이룰 확률은 높아질 것이다.

둘째, 도전(정면으로 맞서 싸움을 걺. 어려운 일의 성취나 기록 경신 따위에 나서는 일을 비유적으로 이르는 말)이다. 도전 없이 뭘 이룰 수 있을까? 사람은 살아가는 동안 새로운 일과 부닥치면서 늘 도전과 맞닥뜨리고 있다. 삶의 한 과정으로 자연스럽게 다가오며 반드시 거쳐야 할 게 있고, 의도적으로 덤비는 경우도 있다. 대다수가 일반적으로 인정하는 그 이상을 실현하기 위하여 무슨 일이건 도전하는 삶은 보기에도 좋지만, 주위 사람들을 자극하고 고무시킨다. 사람의 능력과 역량이 제각각이듯 도전의 대상과 방법도 다양하다. 기는 것, 첫걸음 떼기, 말 배우기부터 시작해서 어떻게, 어떤 모습으로 죽을 것인가에 이르기까지 삶 자체가 도전의 연속인 것이다. 특히, 새로운 일과 경험을 극복하기 위해서 도전은 필연적인 과정이다.

셋째, 욕구(무엇을 얻고자 하거나 무슨 일을 하고자 하는 바람) 또는 욕망(무엇을 가지거나 하고자 간절하게 바람)이다. 이것 때문에 목표를 정하는 것이리라. 간절함, 절실함이 있기에 이루기 위해 바싹 매달리게 된다. 원하는 욕구를 모두 이룰 수는 없다. 언제, 어떤 방법과 수단을 쓸지 구체적이고 치밀한 목표를 세워야 한다.

넷째, 의지(어떤 일을 이루려는 적극적인 마음)이다. 간절한 욕구가 있고, 실현 가능한 목표를 세우고, 도전을 하더라도 이루고자 하는 확고부동한 의지가 없다면 무용지물이다. 굳센 의지가 있어야 흔들리지 않는다. "정신일도 하사불성(精神一到 何事不成)"이라는 말이 있다. '정신을 집중하여 노력하면 어떤 어려운 일이라도 성취할 수 있다'는 말이다. 의지의 중요성을 짧게 표현한 말이라 생각한다.

다섯째, 극복(어렵고 힘들거나 바람직하지 않은 상태나 상황 따위를 노력으로 없애거나 좋아지게 함)이다. 풀코스를 뛴다는 것은 육체적으로나 정신적으로 몹시 힘든 일이다. 그러기에 도전하는 것조차도 피하는 사람들이 있다. 누구든지 시작은 할 수 있지만 쉽지 않기 때문이며, 처음으로 시작하는 많은 일도 마찬가지이다. 버거운 목표에 도전하고 극복하기 위해서는 의지와 노력, 치밀한 계획 등이 반드시 선행되어야 할 것이다.

여섯째, 노력(목적을 이루기 위하여 있는 힘을 다해 부지런히 애를 씀)이다. 부단한 노력 없이는 성취도 없다. 노력의 정도에 따라 이루는 성과의 정도는 달라질 것이다. "구르는 돌은 이끼가 끼지 않고, 천 리 길도 한 걸음부터"이다. "구슬이 서 말이라도 꿰어야 보배이고, 하늘은 스스로 돕는 자를 돕는다."라고 했다.

일곱째, 성취(목적한 바를 이루어 냄)와 달성(뜻한 바를 이루어 목적에 다다름)이다. 목표만 정하고 가만히 있어도 이뤄질까? 확실한 목표를 정하고, 강인한 추진 의지를 가지고 도전하며, 그 과정에서 만나는 숱한 어려움을 이겨내야만 성취할 수 있다.

여덟째, 희열(욕구가 충족되었을 때 느끼는 지극한 기쁨)이다. 기쁨은 '어떤 만족감에 의해 느끼는 즐겁고 흥겨운 감정'을 말한다. 목표한 것을 이루면 기쁠 수밖에 없을 것이다. 어렵고 힘든 목표일수록 그 기쁨은 더 커질 것이다.

아홉째, 자신감(어떤 일을 스스로의 능력으로 충분히 감당할 수 있다고 믿는 마음)이다. 자신감이 없어도 욕구는 있고, 목표도 세울 수 있다. 큰 목표에 도전하기 위해서는 자신감은 필수적이다. 자신감이 없이는 의지를 불태울 수 없다. 두려움과 난관을 이겨내고 목표를 이룰 수 없다.

열 번째, 두려움(위협이나 위험을 느껴 마음이 불안하고 조심스러운 느낌)과 창피함(체면이 깎이는 일이나 아니꼬운 일을 당함)이다. 도전할 수 있을까? 목표를 이룰 수 있을까? 실패하는 것은 아닐까? 새로운 목표를 정하고 도전하면 두려움이 생긴다. 지금까지 해본 적이 없는 일, 아직은 가보지 않은 길, 어떤 일이 앞에 도사리고 있는지 알 수 없기 때문에 당연한 것이다. 좌절하고, 실패하면 남들의 이목이 두려워 창피함을 느낀다. 두려움과 창피함은 도전을 함에 있어 최대의 적이다. 자신감을 강하게 하고, 의지를 굳게 하는 게 극복하는 길이다.

열한 번째, 신중함(가볍게 행동하지 않고 조심스러움)과 분수(자기의 신분이나 처지에 알맞은 한도)이다. 경솔하면 일을 그르치기 쉽다. 생각도, 말도, 행동도 조심스러워야 한다. 신중하면 지나침이 없다. 분수를 알지 못하면 과욕(어떤 일이나 사물에 대하여 지나친 욕심이 있음)을 내게 된다. 과욕을 부리면 실수하고, 사고를 쳐 몸이나 마음을 다칠 수 있다. 실패할 확률이 높아진다.

열두 번째, 고통(몸이나 마음의 아픔이나 괴로움)이다. 내게 풀코스는 늘 힘들고 고통스럽다. 다른 사람들도 나와 같은지 알 수는 없다. 나도 포기한 적이 있지만, 끝까지 달리지 못하고 중간에서 멈추는 사람들을 많이 보았다. 고통스럽기 때문은 아니었을까? 어떤 사정이 되었건 안타깝게 느껴진다. 세상의 모든 것들이 원하는 방향대로 쉽게 이루어지지는 않는다. 넘지 못할 장애물을 만날 때마다 좌절하고, 마음이나 육체적으로 아픔과 괴로움을 느낀다. 사람이면 누구나 가질 수 있는 보통의 마음이나 감정(人之常情: 인지상정)이라 생각한다.

열세 번째, 행복(생활에서 기쁨과 만족감을 느껴 흐뭇한 상태)이다. 블레이크는 "대개 행복하게 지내는 자는 노력가이다."라고 하였고, 괴테는 "기쁘게 일하고, 해 놓은 일을 기뻐하는 사람은 행복하다."라고 했다. 불경에서는 "널리 배워 기술을 익히고, 규칙적인 생활을 하며 바른말을 하라. 이것이 인간에게 최상의 행복이다."라고 하였으며, 앤드류 매튜스는 "행복이란 대개 현재와 관련되어있다. 목적지에 닿아야 행복해지는 것이 아니라 여행하는 과정에서 행복을 느끼기 때문이다."라고 하였다. 굳이 더 이상의 부연설명을 할 필요가 없을 거 같다. 내가 좋아하는 분야에서 목표를 정하고 도전하였고, 심혈을 기울여 노력하였다면 실패해도 행복하고, 성공하면 더 행복할 것이다.

마지막으로, 실패(원하는 결과를 얻지 못하거나 뜻한 대로 되지 않고 그르침)와 좌절(어떤 계획이나 일 따위가 도중에 실패로 돌아감. 어떤 일에 대한 의지나 기운이 꺾임)이다. 모든 목표를 이룰 수는 없다. 세상일이 내 생각대로, 뜻한 대로 이뤄지는 것만은 결코 아니다. "실패는 성공의 어머니"라는 말도 있다.

세상을 바꾼 위인 중에도 실패한 사람은 너무 많다. 실패에 관한 몇 가지 명언을 소개한다. "사람에게 가장 중요한 것은 실패했다고 해서 낙심하지 않는 것이며, 성공했다고 해서 기뻐하지 않는 것이다(도스토옙스키)", "때때로 우리들은, 한 사람의 인격적 덕에서보다도 실패에서 많은 것을 배운다(롱펠로)", "실패한 사실이 부끄러운 것이 아니다. 도전하지 못한 비겁함이 더 큰 치욕이다(로버트 슐러)", "실패를 하지 않은 인간은 대개 아무것도 하지 않는 인간이다(페르프스)", "실패에는 달인이란 것이 없다. 사람은 누구나 실패 앞에서는 범인(凡人)이다(푸시킨)", "틀리는 것과 실패하는 것은 우리들이 전진하기 위한 훈련이다(챠닝)", "우리는 성공보다 오히려 실패에서 많은 지혜를 배운다. 한 번도 실패가 없는 사람은 한 번도 발견한 일이 없음에 틀림없다(S.스마일즈)", "한 번도 실패하지 않는다는 건 새로운 일을 전혀 시도하고 있지 않았다는 신호다(우디 앨런)", "내 생애 최대의 자랑은 한 번도 실패하지 않았다는 것이 아니라, 넘어질 때마다 다시 일어났다는 것이다(골드 스미스)", "모험을 하지 않으면, 누구하고도 친구를 만들 수 없다(데이비드 토마스)."

풀코스 100번을 완주하는 동안, 3번은 실패하였다. 건강에 대한 자신감, 연습 부족과 자만심이 부른 결과이다. SUB-3의 목표도 세운 적이 있으나 포기하였다. 내 능력으로서는 도저히 불가능하게 여겨졌기 때문이다. 목표는 상황과 여건의 변화에 따라 고치고 바꿀 수 있다. 제 능력으로 도저히 이룰 수 없는 곳에 수많은 시간과 아까운 재능, 그리고 목숨까지 걸다시피 하는 것은 어리석고 인생을 낭비하는 것이 아닐까? 내 능력과 수준에 맞는 목표를 새로 정하면 된다. 혼신의 능력과 힘을 다해 이뤄 가면 되는 것이다.

- 달리기 19년 3월, 풀코스 100회 완주의 꿈을 이루다!
공원사랑마라톤대회 -

Part 3

100번째 풀코스 완주기

✒️ 나 같은 달림이에게 꼭 필요한, 코로나에서 빛나는 대회

- 일   시   2021. 10. 10. (토) 06:00~07:00 개별 출발
- 장   소   신도림역 디큐브시티공원
- 주최, 후원   대한직장인체육회 마라톤협회, 한국마라톤TV
- 코   스   대회장~대림역~신대방역~도림천역(2회 왕복)
- 종   목   4종목(5km, 10km, 하프, 풀코스)
- 참가비   20,000원~30,000원
- 기념품   기록증, 양말. 간식(컵라면, 막걸리)
- 기   록   5:05:50 (13위/ 15명)
- 최고 기록   남자(남혁우 3:55:12)
- 총경비   155,750원(참가비 30,000원 포함)
- 소   속   동해시청 걷기동호회

📌 100회 완주를 위해 이 대회에 8번째 참가 결정

올해 5월 22일, 코로나19로 530일 만에 99회를 이곳에서 뛴 지 141일째이다. 100번째를 하루빨리 끝내고 싶었으나 예상치 못했던 일, 특히 코로나19가 자꾸 훼방한다. 날짜만 받아놓으면 수도권에서 확진자가 큰 폭으로 증가하거나 동해시에서도 잠잠하다가 새로 발생하기를 거듭한다.

8월 4일 화이자 2차 예방접종까지 끝냈다. 이런 상황에서 지방공무원 신분으로 마라톤 대회에 참여한다는 것은 비판을 받기에 충분하므로 잠잠해질 때까지 계속 미루기로 결정한다. 벌써 끝낼 수 있는 것을 예상치 못한 복병을 만나 자꾸 미뤄지는 게 무척 아쉽고, 마음은 조급해지지만 어쩔 수 없는 일이다. 수도권에서 사회적 거리두기 4단계, 그 밖의 지역에서 3단계 시행 기간이 계속 연장된다. 동해시의 예방접종이 전국 평균보다 크게 늘어나면서 확진자는 줄어든다. 마침내 9월 말경 나만 조심하면 되므로 대회 참가를 결정한다. 5월 23일 이후로 걷거나 달리고, 실내 바이크를 타면서 연습한 것은 122회 1,002km 정도 된다.

대회 10일 앞두고 10월 1일부터 새벽 연습을 시작한다. 연일 비가 내리지만 선택이 아닌 필수이므로 7일간 98km를 달린다. 갑작스럽게 많이 뛰므로 허리와 다리에 무리가 옴을 느낀다. 다리의 뻐근함은 당연하다 싶은데 왼쪽 허리와 고관절 쪽이 하루 종일 아픈 게 마음에 걸린다. 특히, 8일에는 뛰자마자 오른쪽 발목과 뒤꿈치에서 급격한 통증을 느낀다. 걷기만 해도 아프지만 조금 달리다 보면 풀릴 것이라는 생각으로 강행한다. 그러나 희망일 뿐 통증은 더 심해진다. 8일 저녁 식사 때 아내와 아들은 "수년 전에 무리했다가 2년 이상 달리지 못한 적이 있으므로 미루어라."라고 말린다. 일단 참가했다가 아프면 포기하는 것으로 설득한다. 9일 새벽에도 비를 맞고 60분 정도 걸으면서 나아지길 빌었지만 아쉽게도 몸은 내 뜻에 따라줄 상황이 되지 못하는가 보다.

♣ 서울시청 주변 구경 및 숙박

9일 12시 35분 마라톤 용품을 챙겨 집을 나선다. 평상시에는 걸어가지만, 발목이 불편해 택시(3,600원)를 이용한다. 12시 50분 일반고속버스(16,500원)를 탑승, 횡성휴게소에서 잠깐 쉰 뒤 16시에 동서울터미널에 도착한다. 강변역에서 지하철을 타고 서울 시청역으로 이동한다.

16시 35분부터 2시간 남짓 시청 주변을 구경한다. 서울 출장 때마다 시간 여유가 있으면 꼭 들르는 곳이다. 서울광장은 빌딩숲에서 푸른 잔디밭을 보는 것만으로도 기분이 좋아진다. 시민들이 여유롭게 산책하거나 앉아서 쉬는 게 조용하고 평화로운 모습이다.

광화문광장으로 향한다. 한창 공사가 진행 중이며, 5개월 전과는 다르게 아름다운 그림이 그려진 차폐벽이 설치돼있다. 소규모 집회가 곳곳에서 열리고 있으며, 비좁아진 공간 때문에 도로가 더 복잡하게 느껴진다. 어제가 575돌 한글날인데 차폐 벽에 갇혀있는 세종대왕과 이순신 장군 동상이 서글퍼 보인다. 수많은 논란과 막대한 사업비를 들인 사업인데 어떤 모습으로 바뀔지 궁금하고 하루빨리 완공하기를 기대해본다.

청계천으로 옮긴다. 서울에서 늘 가장 가보고 싶은 곳이다. 들를 때마다 울창해진 나무와 식물, 많아진 새와 물고기 등이 생태하천으로 바뀌고 있음을 느낀다. 대도시 한가운데 만든 실개천이 놀랍다. 맑고 깨끗하고 아름다워 늘 수많은 시민으로 붐비는 게 정말 보기에 좋다.

18시 30분 시청 주변부터 무교동 식당가를 훑으며 저녁 해결할 곳을 찾는다. '무교동찌개 전문점'에서 된장찌개(8,000원)으로 빈속을 채운다. 점심을 라면으로 해결하고, 많이 걸은 탓도 있지만 음식이 깔끔하고 맛있다. 빈자리 없이 거의 꽉 찬 게 맛집인가 보다. 모임을 하는 듯한 분들이 세 탁자를 차지하고 있는데 거리두기 위반을 한 거 같지만 먹고 살아야지 어쩌겠는가? 19시 야경을 보기 위해 다시 청계천으로 간다. 밤이 되니 시민들이 더 많아졌다. 화려하고 번쩍이지는 않지만, 낮보다는 밤이 훨씬 더 아름답다. 야간 경관을 꾸미기 위해 특별한 투자를 많이 하지는 않아 보인다.

19시 30분 숙소로 가기 위해 시청역으로 향한다. 지하철을 타고 20시 신도림역에서 내려 20분 거리에 있는 모텔을 찾아간다. 낯선 곳이라 걱정을 많이 하였는데 곧바로 도착한다. '여기 어때'의

길 찾기 서비스가 대단하다. 시간 여유가 있으므로 걸음을 되돌려 대회장으로 가는 길을 확인한 뒤 입실 시간에 맞춰 21시 '신도림 NO25' 모텔(60,000원)로 들어간다. 예약하지 않았으면 방이 없다고 한다. 코로나19임에도 서울 숙박업소는 불황이 없는가 보다. 혼자 이용하기에는 전혀 불편함이 없지만, 너무 좁고 비싼 게 동해시 모텔과는 비교조차 되지 않는다.

🖊 대회장 이동 및 참가

몇 번 자다 깨다 5시 30분에 일어난다. 너무 늦었다. 몸이 좋지 않은 데 너무 많이 걸어 무리였는가 보다. 뛰기 2~3시간 전에 식사를 끝내야 하는데 모든 게 바쁘다. 엊저녁에 준비한 카스텔라 1개와 바나나우유 2개로 아침을 해결한다. 아무리 애써도 대변은 후련하지 않아 포기한다. 부지런히 샤워를 하고 짐을 챙겨 모텔을 나간다. 어제 길을 미리 알아놓은 게 천만다행이다 싶다. 25분 동안 불편한 걸음을 바삐 옮겨 한국마라톤 TV 사무실에 도착하니 6시 20분이다.

두 명이 참가 준비를 마치고 있다. 번호를 받아 월드런 마라톤화, 면양말, 반바지와 민소매 셔츠, 흰 장갑, 모자로 복장을 갖추고 짐을 맡긴다. 혼자 절뚝거리며 도림천 옆 출발장소로 향한다. 아직도 속은 더부룩하나 대변 욕구는 생기지 않아 소변으로 대신한다. 맨손체조와 스트레칭으로 몸을 풀어 힘든 여정을 준비한다.

✒ 허리와 발목 부상이 오히려 무사 완주를 도와줘

6시 45분 출발선을 통과한다. 예보와 다르게 비는 내리지 않고 가을 이른 아침답게 선선한 날씨이다. 코스는 도림교 아래부터~대림역~구로디지털단지역~신대방역 구간의 도림천 양쪽 옆(10.5km)을 2번 왕복한다. 1회에 16km 정도는 복개다리(도로) 밑을 뛰게 되므로 무더운 날에 최상의 코스라고 여겨진다. 비가 내리거나 눈이 올 때는 오히려 더 좋다고 하겠다. 다만 하천 전체가 뒤덮인 일부 구간에서는 하수에서 어느 정도의 악취가 풍겨 약간의 거북함을 느끼게 한다. 그러나 이것은 나만의 생각일 수도 있다. 수많은 서울 시민들이 걷고, 뛰고, 자전거를 타며 여가 시간을 보내고 운동을 즐기는 공간이지 않은가?

오늘은 이곳에서 8번째 뛰는 날이다. 코로나19가 아니라면 다른 대회를 선택하였을 텐데 많이 아쉽다. 이 대회 덕분에 공직생활의 마무리를 앞두고 풀코스 100회 도전의 꿈을 이룰 수 있어 대단히 고맙고 기쁘다. 매주 수, 토, 일요일에 열리기 때문에 풀코스 완주 횟수를 늘리거나 기록 단축을 위해서 부지런히 연습하는 분들에게 최적의 장소라 여겨진다. 대전 갑천, 대구 금호강, 나주 영산강, 부산 갈매기, 여의천 해피레이스(격주) 등이 매주 정기적으로 열려 마라톤 마니아들의 달리는 욕구를 연중 꾸준히 채워주고 있다. 대전과 대구에는 참가해본 경험이 있다.

출발 장소부터 1km 정도는 내 키만한 코스모스꽃이 만발하고 있다. 산책로와 자전거도로 양옆 4줄로 심었는데 대도시 한복판에서 이렇게 만들었다는 것이 정말 놀랍고, 나로서는 다른 곳에서도 거의 본 적이 없는 거 같다. 도림천 생태하천 조성사업을 시행하면서 획기적인 변화를 도입한 것으로 여겨진다. 하천은 준설하여 폭은 넓히고, 깊게 하였으며 수초 등은 교각이나 중심부로 집중화시켜 나가고 있다. 양옆으로는 버드나무 등 여러 나무 등을 많이 심어 조경을 대폭 강화시켰다. 이런 결과로 여겨지는데 두루미, 오리 등 새들의 모습도 훨씬 많이 눈에 띈다. 산책로와 자전거도로도 폭을 넓히고, 직선화시켰다. 하천을 건너는 돌다리와 나무다리도 더 늘어났으며 구조와 모양도 많이 바뀌었다. 시민들에게 외면받던 반지하 또는 지하 구조의 하천이 시간이 지날수록 지자체의 노력으로 시민들의 일상생활과 밀접한 공간으로 바뀌어가고 있는 것이다.

오늘 대회 참가자는 15명이며 풀코스가 14명이다. 칠마회(70대 마라토너), 100회 마라톤클럽 회원 등으로 대부분이 나보다 연장자로 생각된다. 처음부터 끝까지 빌빌거리고 헤매는 것은 내가 유일한 거 같다. 뒤꿈치와 허리 통증은 어제보다 더 심하다. 오래전 잠실주경기장에서 출발한 대회가 떠오른다. 경기장을 나와 700여 m의 한강변 코스에 들어서기 전부터 오른쪽 무릎이 아파 세 번을 멈춰 섰다. 그러나 절뚝거리며 기어이 풀코스를 완주하였고, 결국에는 왼쪽 고관절을 다쳐 2년간 뛰지 못한 것이다. 언젠가는 허리 인대 두 개 중 하나가 끊어졌는데 복대를 하고 풀코스를 완주한 기억도 생각난다. 어쩌면 오늘이 올해의 마지막이거나 최후의 풀코스 도전이 될 수도 있다는 마음으로 옛날의 고통스러운 기억을 되살리며 천천히 달려나간다.

오늘의 작전은 오로지 '사뿐사뿐 천천히'이다. 걸음 폭은 좁게 하고, 발바닥은 땅 표면을 스치듯이 뛰어 부담을 최대한 줄이는 것이다. 10.5km까지는 무리 없이 잘 도착한다. 출발지로 되돌아가는 15k 지점부터 무릎에 은근한 통증이 느껴진다. 잠깐 걸으면서 아픔을 줄여준다. 기록이 조금 떨어진 거 빼고는 컨디션이 괜찮다고 느낄 때나 별 차이가 없다. 이후 골인할 때까지 뒤쪽 허리를 비롯하여 온몸으로 퍼져나가고, 시간이 지날수록 더 심해지는 고통과의 싸움은 당연한 일이다. 반환점 2곳, 급수와 간식 장소 3곳을 제외하고는 6번을 걷는다. 천천히 뛴 탓으로 호흡도 편안하고 힘이 들지 않지만, 너무 아파 계속 뛸 수가 없기 때문이다.

참가자가 많지 않기 때문에 4번 마주칠 때마다 서로 손을 흔들거나 주먹을 들어 격려하고 응원해준다. 자주 마주치기 때문에 얼굴을 모두 익힐 정도이다. 대부분이 연배인데 쌩쌩하고, 힘도 넘치고, 잘 달린다. 그 체력과 실력, 젊음이 부럽고, 존경스럽기도 하며, 한편으로 창피스럽고 몸이 쪼그라드는 느낌이다.

급수대에서는 물 8번, 콜라 3번, 이온음료를 1번 마신다. 바나나는 1/3쪽씩 4번을 먹는다. 이때는 쉬는 시간을 늘리면서 긴장도 풀고, 아픔을 줄이기 위해 애쓰지만 크게 도움이 되지 않는다. 몇

분씩 걷는 곳도 있었는데 새로 뛰기 시작하는 게 한창 참으며 뛸 때보다 훨씬 더 고통이 심하다.

11km부터 더부룩하던 속이 살살 아파오면서 배변을 하고 싶지만, 출발지 외에는 화장실을 이용해본 적이 없다. 앞으로 10k를 참아야 하는 것인데 움직일 때마다 금방이라도 쌀 거 같아 마음이 조마조마하다. '찾아야 보이고, 두드리면 열린다'고 하였던가? 절박한 마음에 하천뚝 위를 계속 샅샅이 훑어보다 19km 지점에서 비슷한 건물을 무작정 찾아가니 바로 화장실이다. 아까운 6분을 버리면서 큰 것을 해결하고 나니 살 것만 같다.

정말 많은 시민이 코스에서 앉아 쉬거나 걷고 뛰며, 자전거를 타고 오간다. 아마도 1m당 1명 이상, 5만여 명은 되지 않을까 싶다. 조금이라도 더 속도를 내기 위해서는 몸을 앞으로 내민다. 당연히 고개는 숙여지므로 마주 오는 시민, 자전거와 몇 번이나 부딪치고 넘어질 뻔했다. 그런 일이 벌어지지 않는 게 정말 천만다행이다. 단 한 번이라도 생겼으면 완주는 물 건너가고, 크게 다쳤을 일이다.

군데군데 공터가 있기는 하지만 다른 운동을 하는 것은 볼 수 없다. 시내에서 떨어진 공간이고 반지하인 이점 때문에 색소폰을 연주(연습)하는 사람도 있다. 예전에는 행려자가 많았는데 여러 곳을 펜스 등으로 폐쇄하여 몇 명 보이지 않는다. 시민들이 즐겨 찾는 친숙한 장소로 탈바꿈되었기 때문일 것이다. 거주 공간(잠자리)을 잃은 그분들은 모두 어디로 갔을까?

10.5km는 8시(km당 7.14분)에 통과하였고, 21k 반환점은 9시 20분(7.6분), 31.5k는 10시 35분(7.14분), 11시 55분(7.6분)에 골인하였다. 최종 기록은 05:05:50으로 제한 시간을 넘기지 않으려고 엄청나게 애썼지만 내 몸 상태와 실력으로는 불가능한 꿈이 되고 말았다. 100번째 풀코스 완주! 마침내 꿈을 이뤘고, 마음이 후련하다. 몸은 아프고 힘들지만 정말 기분 좋은 날이다.

✒ 달리기 시작 19년 3월, 풀코스 첫 완주 18년 만에 100회 완주꿈 이뤄

골인한 뒤 직원에게 인증 사진 촬영을 부탁한다. 기록증은 현장에서 바로 발급되고, 기념품으로 양말 한 켤레를 받는다. 무릎은 비교적 양호한데 허리와 왼발 뒤꿈치는 제대로 서 있지도 못할 상태이며, 105리를 어떻게 뛰었는지 스스로도 신기하고 대견스럽게 느껴진다. 엉금엉금 기다시피 걸어 근처 급수대로 가니 먼저 들어온 2명이 간단히 씻고 있다. 기다리면서 억지로 맨손체조를 하며 몸을 풀어준다. 얼굴을 씻고, 장갑을 빨아 팔과 다리를 대충 닦아주니 한결 낫다.

200여m를 엉거주춤 걸어 대회 본부(물품보관소 겸용)에 도착하니 먼저 골인한 다섯 분이 컵라면과 막걸리로 간식을 하고 있다. 서로 축하와 노고 위로 인사를 건넨다. 옷을 갈아입고 짐을 챙긴 뒤 얘기를 나누면서 컵라면 1개, 삶은 계란 1개와 막걸리 4잔을 먹는다. 부족해 보이지만 이 정도면 점심 한 끼로 충분하다.

제대로 걷지도 못하므로 귀가할 시간이 바쁘다. 13시에 작별인사를 하고 먼저 자리를 뜬다. 신도림역 앞 디큐브시티 쉼터에서 페북에 동해시의 코로나19 동향과 완주 사진을 올리고, 가족에게도 알려준다. 13시 30분 지하철을 타고 45분 뒤 강변역에 도착한다. 동서울터미널에 잠깐 대기하다 14시 50분 동해로 가는 버스(16,500원)에 올랐으며 17시 55분에 도착한다. 이동 중에 임진호 육연 회장이 페북을 보고 자기 집에서 축하파티를 제안하므로 고맙게 받아들인다.

택시(3,900원)를 타고 천곡 코아루아파트로 향한다. 18시 5분에 도착하니 낯이 뜨거울 정도로 '동해시 최초 100회 풀코스 완주자'라며 감격스럽게 축하해준다. 잠시 후 이재덕 육연 이사가 음식을 한 보따리 준비하여 들어온다. 역시 축하인사는 분에 넘친다. 내 망가진 몸보신하라고 산오징어회, 영월 닭강정, 돼지족발 등 참 많이도 준비했다. 축하 자리는 마라톤과 코로나19 및 정치 얘기 등으로 24시를 넘겨 몸을 망가뜨리는 시간으로 바뀌었고, 0시 20분경에 귀가함으로써 또 한 번의 마라톤 여행을 끝낸다.

2020년 1월부터 코로나19 때문에 모든 일상이 그 이전과는 비교할 수조차 없게 변했다. 10월 13일, UN은 전 세계적으로 확진자 발생 237,319,131명, 사망 4,844,370명이라고 발표하였다. 대한민국에서는 확진자 발생 335,742명, 격리해제(치료) 302,066명, 사망 2,605명이다. 동해시에서도 각각 568명, 554명, 7명이다. 정부에서는 11월부터 With 코로나로 전환하여 예전의 일상으로 회복해간다고 하니 참 다행스럽다.

해마다 거의 1,000여 개 이상의 마라톤대회가 열리는데 지난해부터 모두 취소되고 있다. 비대면 마라톤대회라는 게 생기고 있으나 참가해보지는 않았다. 공무원 신분이므로 시민과 동료 직원 등 많은 분의 눈치를 보며 5월 22일에 이어 참가하여 100회 완주의 꿈을 이뤘다. 2003년 9월 첫 풀코스를 완주하면서 세운 목표이며, 공직생활을 할 때 끝내고 싶었기 때문이다. 동해시나 전국의 백신 예방접종률이 높아지지 않고, 특히 동해시에서 확진자가 계속 늘어났다면 참가할 생각조차 하지 못했다. 시민에게도 다행이지만 나로서도 대단히 운이 좋았던 것이다. 축하파티 자리에서 11일부터 동해시의 거리두기 단계를 2단계로 낮춘다는 얘기를 들었을 때 정말 기분 좋았고, 날짜를 참 잘 잡았다는 데 모두 공감하였다.

코로나19 치료제가 하루빨리 개발되기를 소망한다. 사회의 모든 분야에서 일상이 신속하게 회복하기를 기원한다. 마라톤 대회는 예전보다 더 활성화되어 건강을 다지고 사회에 활력을 불어넣기 바란다. 코로나의 난국에서 달림이들이 달릴 수 있도록 대회를 열고, 진행하여주신 대회 관계자 여러분, 산책로와 자전거도로를 달릴 때 양보하고 배려하여주신 서울시민 여러분께 진심으로 깊이 감사드린다. 대회의 무궁한 발전을 기원한다.

Part 4

참가한 마라톤대회 소개

01. 제2회 김제지평선마라톤대회 (1회 풀코스 완주)

- 일 시   2003. 9. 28. (일) 09:00
- 장 소   김제 시민운동장(문화체육공원)
- 주 최   김제시, 전마협, 김제시체육회
- 코 스   시민운동장~새만금평야~성덕 진봉 왕복
- 종 목   4종목(풀코스, 하프, 10km, 5km)
- 참가비   3만 원(풀)~5천 원
- 기념품   택일(시계, 선글라스, 가방), 지평선 쌀 1kg, 5km(T셔츠, 지평선 쌀 1kg), 간식

02. 2004 서울국제마라톤대회 겸 제75회 동아마라톤대회
(2·8·6·73·87회 완주)

- 일 시   2004. 3. 14. (일) 08:00
- 장 소   서울 세종문화회관 앞
- 주 최   동아일보사, 서울시, 대한육상경기연맹
- 코 스   세종문화회관 앞(광화문)~남대문~종로~잠실대교~올림픽공원~가락시장~잠실주경기장
- 종 목   1종목(풀코스) ※ 이후 종목 추가
- 참가비   4만 원
- 기념품   티셔츠, 간식

03. 제2회 하이서울 한강마라톤대회 (3·6회 완주)

- **일 시**　2004. 10. 3. (일) 09:00
- **장 소**　한강시민공원
- **주 최**　서울시, 서울신문사
- **코 스**　여의도 → 광진교 부근 왕복
- **종 목**　3종목(풀코스, 하프, 10km)
- **참가비**　3만 원(풀)~2만 원
- **기념품**　티셔츠, 간식

04. 제6회 경향신문 서울마라톤대회 (4·9회 완주)

- **일 시**　2006. 4. 16. (일) 08:00
- **장 소**　서울월드컵경기장 평화의 공원
- **주 최**　경향신문사
- **코 스**　경기장~강변북로~서울숲 앞 왕복
- **종 목**　3종목(풀코스, 하프, 10km)
- **참가비**　4만 원(풀)~3만5천 원
- **기념품**　티셔츠, 간식

05. 제8회 양평 이봉주마라톤대회 겸 경인일보 남한강마라톤대회

(5회 완주)

- 일   시   2006. 6. 4. (일) 09:00
- 장   소   양평 강상체육공원
- 주   최   양평군, 경인일보
- 코   스   체육공원~양자산농원~바탕골예술회관~검천인성체험
                학교~검천적십자 연수원~농산물직판장 왕복
- 종   목   4종목(풀코스, 하프, 10km, 4.2km)
- 참가비   4만 원(풀)~1만 원
- 기념품   양평 쌀, 대형 수건, 간식

06. 2006 조선일보 춘천마라톤대회 (7·15·55회 완주)

- 일   시   2006. 10. 29. (일) 11:00
- 장   소   춘천종합경기장
- 주   최   조선일보사, 스포츠조선, 대한육상경기연맹, 강원도육상
                경기연맹
- 코   스   종합경기장~의암호 순환~종합경기장
- 종   목   1종목(풀코스)
- 참가비   4만 원(풀)
- 기념품   티셔츠, 간식

07. 제12회 바다의 날 마라톤대회 (10·50회 완주)

- 일   시   2007. 6. 2. (일) 08:30
- 장   소   여의도 수변공원(마라톤 광장)
- 주   최   한국해운신문
- 코   스   여의도~암사지구 왕복
- 종   목   4종목(풀, 하프, 10km, 5km)
- 참가비   4만 원(풀)~2만 원
- 기념품   기능성 러닝 슈트 상의, 마라톤 양말 2켤레, 마라톤 사진, 멸치 1kg, 아이스크림, 간식 등

08. 2007 진고개 대관령울트라마라톤대회 (11회 완주)

- 일   시   2007. 7. 14. (토) 18:00
- 장   소   경포해수욕장
- 주   최   강릉 경포호수 마라톤클럽
- 코   스   인공폭포~경포호수~연곡~소금강~진고개~월정사~속싸리재~횡계~대관령~경포해수욕장
- 종   목   1종목(100km)
- 참가비   3만 원
- 기념품   타이즈, 간식

09. 제4회 철원DMZ 국제평화마라톤축제 (12회 완주)

- 일 시   2007. 9. 16. (일요일) 09:00
- 장 소   고석정 철의 삼각전망대
- 주 최   철원군, 한국일보, 철원군 체육회, ㈜스포테인
- 코 스   고석정~장흥리~오덕 3,4,6리~월하3거리~관전리통제소
          ~3번국도~동송저수지~양지리통제소~필승사격장~대위
          리통제소~오덕7리 농로~황금들판~강변도로~고석정
- 종 목   4종목(풀, 하프, 10km, 6km)
- 참가비   4만 원(풀)~1만 원
- 기념품   그래미 건강식품·철원 오대쌀 3kg, 간식, 먹거리(오대쌀
          밥, 김치, 콩나물국, 막걸리)

10. 제7회 독도 지키기 울릉도오징어마라톤대회 (13회 실패)

[울릉도 여행 기간 : 8. 25.~8. 26. 아내 동행- 나리분지, 독도전망대, 독도박물관]

- 일 시   2007. 8. 26. (일) 07:00
- 장 소   울릉도 사동 울릉문화예술체험장
- 주 최   세계일보, 스포츠월드, 울릉군오징어축제추진위원회
- 코 스   사동~가두봉~통구미~남양 사자바위~구암~수층터널~
          태하~현포 해양박물관 왕복
- 종 목   4종목(풀, 하프, 10km, 5km)

- 참가비　2만 원(공통)
- 기념품　칠갑산삼계탕, 간식, 먹거리(울릉도 백숙, 김치, 막걸리)

11. 2007 국제평화기원 마라톤축제 (13회 완주)

- 일　시　2007. 10. 3. (수) 10:00
- 장　소　잠실올림픽주경기장
- 주　최　강남구체육회
- 코　스　주경기장~양재천~탄천~성남비행장~여수대교 왕복
- 종　목　4종목(풀, 하프, 10km, 6km)
- 참가비　2만 원(공통)
- 기념품　고품격 유명브랜드 가방, 간식

12. 2007 중앙일보 서울마라톤대회 (15·25회·56·67회 완주)

- 일　시　2007. 11. 4. (일) 08:00
- 장　소　잠실 종합운동장
- 주　최　중앙일보, 일간스포츠, 대한육상경기연맹
- 코　스　종합운동장~성남~잠실주경기장
- 참가비　4만 원(풀)
- 기념품　기능성 티셔츠

13. 2008 새해 첫날 마라톤대회 (16회 완주)

- 일 시　2008. 1. 1. (월) 00:00
- 장 소　한강시민공원 여의도지구 수변 마당
- 주 최　2008 새해 첫날마라톤대회 조직위원회
- 코 스　여의도~암사지구 왕복
- 참가비　4만 원(풀)
- 기념품　고급 다용도 아웃도어 가방

14. 제5회 한강 동계 풀코스마라톤대회 (17회 완주)

- 일 시　2008. 2. 3. (일) 10:00
- 장 소　여의도 63빌딩 옆 잔디광장
- 주 최　사단법인 한국마라톤협회
- 코 스　여의도~광진교 왕복
- 종 목　4종목(풀, 하프, 10km, 5km)
- 참가비　4만 원(풀)
- 기념품　운동복 한 벌

15. 제11회 서울마라톤대회 (18회 완주)

- 일 시   2008. 3. 2. (일) 10:00
- 장 소   여의도 한강시민공원
- 주 최   서울마라톤클럽
- 코 스   여의도~광진교 방면 왕복
- 종 목   4종목(풀, 하프, 10km, 5km)
- 참가비   4만 원(풀)
- 기념품   긴 팔 티셔츠, 대형 수건

16. 제112회 보스턴마라톤대회 (19회 완주)

[미국 동부 및 캐나다 여행기간 : 2008. 4. 18.~4. 27. 아내 동행 – 보스턴, 워싱턴, 뉴욕, 코닝, 나이아가라(미국, 캐나다), 토론토]

- 일 시   2008. 4. 21. (월) 10:00(미국 시간)
- 장 소   보스턴 홉스톤
- 주 최   보스턴 체육협의회
- 코 스   홉킨턴~보스턴 시내(편도)
- 종 목   풀코스
- 참가비   150$/ 200$(3. 1. 이후)
- 기념품   긴팔 티셔츠, 열쇠고리

17. 제4회 HCN 충북방송 충주마라톤대회 (20회 완주)

- 일　시　　2008. 5. 18. (일) 09:30
- 장　소　　충주시 탄금대 시민의 광장
- 주　최　　HCN 충북방송
- 코　스　　탄금대 주차장~충주호 순환~탄금대
- 종　목　　4종목(풀, 하프, 10km, 5km)
- 참가비　　3만 원(풀)
- 기념품　　마라톤 유니폼

18. 평화통일기원 제7회 화천비목마라톤대회 (21회 완주)

- 일　시　　2008. 6. 8. (일) 08:30
- 장　소　　화천군 생활체육공원
- 주　최　　비목문화제조직위원회, Marathon Love
- 코　스　　생활체육공원~화천군 일대~생활체육공원
- 종　목　　5종목(풀, 하프, 10km, 5km, 하프단체대항전)
- 참가비　　3만5천 원(풀)
- 기념품　　마라톤복 상의, 특산품(토마토), 대형 수건

19. 한가위맞이 제5회 남산우정마라톤대회 (22회 완주)

- 일   시   2008. 9. 13. (토) 09:00 (맑음)
- 장   소   남산 국립극장 뒤 북측순환로
- 주   최   한국산악마라톤연맹
- 코   스   남산 국립극장 뒤 약수터~녹색체육관 왕복
- 종   목   4종목(풀, 30km, 24km, 12km)
- 참가비   3만 원(풀)
- 기념품   선글라스 또는 김

20. 2008 경기평화통일마라톤대회 (23회 완주)

- 일   시   2008. 9. 27. (일) 09:00 (맑음)
- 장   소   임진각
- 주   최   경기도, 경기관광공사, MBC, 경기육상연맹
- 코   스   임진각~통일대교~민통선~통일로~파주 시내 일원~임진각
- 종   목   3종목(풀, 하프, 10km)
- 참가비   4만 원(풀)
- 기념품   스포츠점퍼, 스포츠타월, 티셔츠

21. 동아일보 2008 경주국제마라톤대회 (24·32회 완주)

- 일 시   2008. 10. 19. (일) 08:00(맑음)
- 장 소   황성공원 시민운동장
- 주 최   경상북도, 경주시, 대한육상경기연맹, 동아일보사
- 코 스   황성공원~경주 시내 순환코스~황성공원
- 종 목   3종목(풀, 하프, 10km)
- 참가비   4만 원(풀)
- 기념품   아식스 아웃도어 배낭

22. 제7회 경기마라톤대회 (26회 완주, 49회 실패)

- 일 시   2009. 4. 19. (일) 08:00
- 장 소   수원종합운동장
- 주 최   경기도, 수원시, 화성시, 경기일보
- 코 스   종합운동장~수원시, 화성시 일원~종합운동장
- 종 목   4종목(풀, 하프, 10km, 5km)
- 참가비   4만 원(풀)
- 기념품   모자, 수건, 면양말

23. 2009 한반도 평화마라톤대회 (27회 완주)

- 일　시　　2009. 5. 10. (일) 09:00
- 장　소　　임진각
- 주　최　　한반도평화국제마라톤 조직위원회, 일산파주신문사
- 코　스　　임진각~자유로~문산I·C, 율곡로~자장4거리~임진각
- 종　목　　4종목(풀, 하프, 10km, 5km)
- 참가비　　4만 원(풀)
- 기념품　　마라톤복

24. 2011 대구세계육상선수권대회 성공 기원 금호강마라톤대회 (28회·83회 완주)

- 일　시　　2009. 6. 27. (일) 08:30
- 장　소　　대구시 동촌 금호강 둔치
- 주　최　　대경마라톤연합회, 영남일보, 대구동구육상연합회
- 코　스　　금호강 변 5km 구간 4회 왕복
- 종　목　　5종목(풀, 30km, 하프, 10km, 5km)
- 참가비　　1만 원(전 종목)
- 기념품　　완주 메달 외 없음

25. 서울~춘천 간 고속도로 개통기념 2009 춘천마라톤대회

(29회 완주)

- 일 시   2009. 7. 12. (일) 08:30
- 장 소   남춘천 I·C 동산영업소
- 주 최   춘천시, 춘천시체육회, 전국마라톤협회, 춘천시육상연맹
- 코 스   서울~춘천 간 고속도로 왕복
- 종 목   5종목(55km 울트라, 풀, 하프, 10km, 5km)
- 참가비   1만 원~4만 원(풀마니아 25,000원)
- 기념품   기념 티셔츠+모자, 먹거리(떡, 수박 화채, 음료수, 막국수)

26. 2009 삼척 황영조 국제마라톤대회-바르셀로나올림픽 재패 기념 삼척비치 마라톤대회 (30회·78회·88회 완주)

- 일 시   2009. 8. 3. (일) 08:00
- 장 소   삼척 엑스포 과학공원
- 주 최   강원일보, 전국마라톤협회, 한국실업육상경기연맹
- 코 스   삼척~궁촌 간 자동차 전용 도로 왕복
- 종 목   4종목(풀, 하프, 10km, 5km)
- 참가비   1만 원~3만5천 원(풀: 3만오천 원)
- 기념품   마라톤화 또는 선글라스

27. 8.15 광복절 기념 포항 오천 해병대 한마음 흑서기마라톤대회
(31회 완주)

- 일 시   2009. 8. 15. (토) 07:00
- 장 소   해병대 제1사단 전투연병장
- 주 최   포항시 오천읍사무소, 오천읍체육회, 해병대 50회 마라톤클럽
- 코 스   제1사단~홍계령 왕복
- 종 목   4종목(풀, 하프, 10km, 5km)
- 참가비   1만 원~2만 원(풀: 2만 원)
- 기념품   수건, 새송이버섯

28. 제3회 호미곶 온천마라톤대회 (33회 완주)

- 일 시   2009. 11. 8. (일) 09:30
- 장 소   호미곶 온천랜드
- 주 최   영일만 울트라조직위원회
- 코 스   온천랜드~주변 포장도로 및 임도~온천랜드
- 종 목   2종목(풀, 하프)
- 참가비   2만 원
- 기념품   온천 목욕권, 먹거리(소고기국밥, 과메기, 참소주)

29. 제7회 스포츠서울 마라톤대회 (34회 완주)

- **일 시** 2009. 11. 15. (일) 09:00
- **장 소** 상암월드컵공원 평화의 광장
- **주 최** 스포츠서울, 앤앤앤 스포츠
- **코 스** 평화의 광장~한양대학교 살곶이체육공원 왕복
- **종 목** 4종목(풀, 하프, 10km, 5km)
- **참가비** 4만 원(풀)
- **기념품** 스켈리토 트레이닝 세트, 간식

30. 제9회 이순신장군배 통영전국마라톤대회 (35회 완주)

- **일 시** 2009. 12. 6. (일) 19:00
- **장 소** 도남동 트라이애슬론광장
- **주 최** 통영시, 통영시육상경기연맹
- **코 스** 통영시 해안도로 일원
- **종 목** 4종목(풀, 하프, 10km, 5km)
- **참가비** 3만 원(풀)
- **기념품** 윈드브레이어재킷, 케이블카 탑승 할인권, 간식

31. 2012 세계박람회 성공 개최 기원 제5회 여수국제마라톤대회
(36회·58회·71회 완주)

- 일 시   2010. 1. 10. (일) 09:00
- 장 소   여수시 소호동 디오션리조트
- 주 최   여수신문, 여수마라톤클럽, 여수엑스포국제마라톤 조직위원회
- 코 스   디오션리조트~화양면 장수리 쌈지공원 왕복
- 종 목   4종목(풀, 하프, 10km, 5km)
- 참가비   3만5천 원(풀)
- 기념품   더맛 고등어, 사우나 50% 할인권, 간식, 먹거리(떡국)

32. 보라매공원마라톤대회 (37회 완주)

- 일 시   2010. 1. 24. (일) 09:00
- 장 소   보라매공원 도림천
- 주 최   Walk & Run Tour
- 코 스   도림천~안양천 왕복
- 종 목   3종목(풀, 하프, 10km)
- 참가비   2만 원(전 종목)
- 기념품   고급 면양말, 먹거리(컵라면, 막걸리)

33. 제8회 해남 땅끝마라톤대회 (38회 완주)

- **일 시** 2010. 2. 7. (일) 10:00
- **장 소** 해남 우슬경기장
- **주 최** 해남군, (주)해남신문사
- **코 스** 우슬경기장~어성교 왕복
- **종 목** 4종목(풀, 하프, 10km, 5km)
- **참가비** 3만 원(풀)~1만 원
- **기념품** 해남 황토 호박고구마(5kg), 겨울 배추 3포기, 간식

34. 2010 MBC 섬진강꽃길마라톤대회 (39회 완주)

- **일 시** 2010. 2. 28. (일) 09:30
- **장 소** 전라남도 광양시 매화마을 둔치
- **주 최** 진주MBC, 여수MBC, 전라남도, 경상남도, 광양시, 하동군
- **코 스** 매화마을 둔치~남도대교~하동읍~섬진교~매화마을 둔치
- **종 목** 5종목(풀, 30km, 하프, 10km, 5km)
- **참가비** 3만5천 원(풀)~1만 원
- **기념품** 르까프 티셔츠, 르까프 장갑, 타월, 간식, 먹거리(두부, 막걸리)

35. 2010~2012 한국방문의 해 기념 한강관광마라톤대회 (40회 완주)

- 일 시   2010. 3. 14. (일) 09:00
- 장 소   마포대교 밑 서울색공원
- 주 최   Walk & Run Tour, 한국관광협회중앙회
- 코 스   마포대교~안양천 변 왕복
- 종 목   3종목(풀, 하프, 10km)
- 참가비   2만 원(전 종목)
- 기념품   고급 면양말, 컵라면, 막걸리

36. 2010 안동 낙동강 변 전국마라톤대회 (41회 완주)

- 일 시   2010. 3. 28. (일) 09:00
- 장 소   안동시민운동장
- 주 최   안동시, 안동MBC, 안동시생활체육회
- 코 스   시민운동장~낙동강변~신안레미콘 왕복
- 종 목   5종목(풀, 하프, 10km, 5km, 단체전)
- 참가비   3만 원(풀)~1만 원
- 기념품   티셔츠, 먹거리(잔치국수, 돼지 바비큐)

37. 2010 대구국제마라톤대회 (42회 완주)

- 일 시   2010. 4. 11. (일) 08:00
- 장 소   대구스타디움
- 주 최   대구광역시, 대한육상경기연맹, 대구광역시체육회, 대구 육상경기연맹
- 코 스   대구스타디움~대구 시내 일원~스타디움
- 종 목   2종목(풀, 10km)
- 참가비   3만 원(전 종목)
- 기념품   코오롱 마운틴 숄더백, 힙색, 스포츠 물병, 먹거리(메밀묵)

38. 제24회 중국 대련국제마라톤대회 (43회 완주)

[중국 여행 : 4. 17.~4. 22. 대련(성해광장, 금석탄 해변 등), 단동(압록강 철교, 호산장성), 통화(백두산 천지, 금강대협곡), 집안(광개토왕비, 장군총)]

- 일 시   2010. 4. 18. (일) 08:30
- 장 소   중국 대련시 금석탄 황금해안
- 주 최   중국육상협회, 대련시 정부
- 코 스   금석탄 황금해안~대련시 왕복
- 종 목   5종목(풀, 풀 릴레이, 휠체어 풀, 하프, 휠체어 하프)
- 참가비   5만 원(풀)~6만 원
- 기념품   티셔츠 2, 대형 수건, 간식

39. 제11회 인천 국제마라톤대회 (44회 완주)

- 일 시   2011. 3. 27. (일) 09:00
- 장 소   인천 문학 월드컵경기장
- 주 최   인천일보사, 대한육상경기연맹, (사)인천마라톤조직위원회
- 코 스   문학경기장~송도대로~송도 재생센터 사거리 왕복
- 종 목   4종목(풀, 하프, 10km, 5km)
- 참가비   3만 원(풀)~2만 원
- 기념품   기능성 윈드 재킷, 먹거리(막걸리, 맥주 시음코너)

40. 제8회 춘천 호반마라톤대회 (45회 완주)

- 일 시   2011. 4. 27. (일) 09:00
- 장 소   춘천 송암 스포츠타운 종합운동장
- 주 최   춘천시, 강원일보
- 코 스   운동장~의암댐~춘천댐~소양교~운동장
- 종 목   4종목(풀, 하프, 10km, 5km)
- 참가비   3만 원(풀)~1만 원
- 기념품   선글라스, 떡국, 두부 등

41. 스포츠파크 준공기념 2011 거제마라톤대회 (46회 완주)

- 일 시   2011. 5. 15. (일) 09:00
- 장 소   거제 스포츠파크 종합운동장
- 주 최   거제시, 거제시 생활체육회, 전국마라톤협회
- 코 스   스포츠파크~거제면 일원 왕복
- 종 목   4종목(풀, 하프, 10km, 5km)/ 마니아 3종목 별도
- 참가비   3만5천 원(풀)~무료
- 기념품   스켈리토 타이즈, 먹거리(떡국, 두부, 막걸리)

42. 경인 아라뱃길 개장기념 마라톤대회 (47회 완주)

- 일 시   2011. 10. 9. (일) 09:00
- 장 소   아라뱃길 김포터미널
- 주 최   K watrer, 인천일보, 조선일보, (사)인천마라톤조직위원회
- 코 스   김포터미널~경관도로 왕복
- 종 목   4종목(풀, 32km, 10km, 5km)
- 참가비   3만 원(풀)~2만 원
- 기념품   마라톤 티셔츠, 먹거리(막걸리)

43. 2012 환경마라톤대회 (48회 완주)

- 일 시   2012. 3. 24. (토) 09:10
- 장 소   월드컵공원 평화광장
- 주 최   미래는 우리 손안에, 환경미디어
- 코 스   평화광장~한강 변 왕복
- 종 목   4종목(풀, 하프, 10km, 5km)
- 참가비   3만 원(풀)~2만 원
- 기념품   마라톤티셔츠, 간식

44. 제10회 LIG KOREA OPEN MARATHON (49회 완주)

- 일 시   2012. 4. 1. (일) 09:00
- 장 소   잠실올림픽주경기장
- 주 최   ㈜이맥스 21, KBSN
- 코 스   주경기장~한강철교 하단~복정교 왕복
- 종 목   5종목(풀, 하프, 10km, KID's Running, 자선걷기)
- 참가비   3만 원(풀)~2만 원
- 기념품   배낭, 간식

45. 제6회 2012 HOT summer 혹서기마라톤대회 (51회·81회 완주)

- 일 시   2012. 7. 8. (일) 08:00
- 장 소   남산 국립극장 광장
- 주 최   마라톤타임즈, 뉴시스와이어
- 코 스   남산 북측순환도로(왕복 6km)
- 종 목   2종목(풀, 하프)
- 참가비   3만5천 원
- 기념품   시크릿벨트, 먹거리(비빔밥, 막걸리)

46. 제11회 국제관광 서울마라톤대회 (52회·84회 완주)

- 일 시   2012. 9. 2. (일) 08:00
- 장 소   월드컵공원 평화의 광장
- 주 최   세계일보, 국제관광 서울마라톤대회 조직위원회, 한국 마라톤여행 기획
- 코 스   평화의 광장~가양대교~거북나루터~응암역 왕복
- 종 목   4종목(풀, 하프, 10km, 5km)
- 참가비   3만5천 원(풀)~2만5천 원
- 기념품   가방, 간식

47. 2012 안산 바닷길 환경마라톤대회 (53회 완주)

- 일 시 2012. 9. 16. (일) 10:00
- 장 소 대부도(방아머리 일원), 대부 바다향기 테마파크
- 주 최 안산시, 경기일보, 안산시체육회, 안산시생활체육회, 안산시육상경기연맹, 안산시육상연합회
- 코 스 대부테마파크~방수제 왕복
- 종 목 4종목(풀, 하프, 10km, 5km)
- 참가비 4만 원(풀)~1만5천 원
- 기념품 안산 본오으뜸쌀(10kg), 대부도 포도(2kg), 간식, 먹걸리(두부김치, 막걸리)

48. 제14회 문화일보 파주 통일마라톤대회 (54회 완주)

- 일 시 2012. 10. 7. (일) 09:30
- 장 소 임진각 주차장
- 주 최 문화일보, AM7, 파주시
- 코 스 평화누리공원~자유로~37번국도~1번국도 왕복
- 종 목 5종목(풀, 35km, 하프, 10km, 5km)
- 참가비 4만 원(풀)~3만 원
- 기념품 Wind breaker(윗옷), Super food 비타민제, 스포츠양말, 간식

49. 2012 결식아동 돕기 제8회 국민건강 마라톤대회 (57회 완주)

- 일 시   2012. 12. 1. (토) 09:00
- 장 소   한강시민공원 여의도지구 이벤트 광장
- 주 최   국민건강달리기연합회
- 코 스   시민공원~염창교~인도교~방화대교 왕복
- 종 목   4종목(풀, 하프, 10km, 5km)
- 참가비   4만 원(풀)~2만 원
- 기념품   모자, 장갑, 넥워머, 간식, 먹거리(순두부, 사골국물)

50. 제9회 2013 아! 고구려 역사 지키기 마라톤대회 (59회·76회 완주)

- 일 시   2013. 2. 17. (일) 10:00
- 장 소   서울 잠실종합운동장 주경기장
- 주 최   마라톤타임즈, 뉴시스헬스
- 코 스   운동장~반포대교(1차 반환)~관문사거리(2차 반환)~양재천~운동장
- 종 목   4종목(풀, 32.195km, 하프, 10km)/ 마니아
- 참가비   4만 원(풀)~2만5천 원
- 기념품   배낭, 버프, 간식, 먹거리(어묵, 떡국, 막걸리)

51. 제10회 대전 3대하천 마라톤대회 (61회 완주)

- 일   시   2013. 4. 21. (일) 09:00
- 장   소   대전 엑스포시민광장
- 주   최   대전일보사, 대전광역시
- 코   스   시민광장~원촌교3거리~전민동~한빛대교~용산교~한밭대교~수침교~가장교~유등교~도마교~버드내교(1차 반환)~엑스포교~갑천대교(2차 반환)~대덕대교~엑스포다리~시민광장
- 종   목   4종목(풀, 하프, 10km, 5km)
- 참가비   3만 원(풀)~1만5천 원
- 기념품   가방, 간식, 먹거리(묵밥, 두부김치, 막걸리)

52. 제9회 보성녹차마라톤대회 (62회 완주)

- 일   시   2013. 5. 19. (일) 09:00
- 장   소   보성군 공설운동장
- 주   최   보성군, 보성군마라톤연합회
- 코   스   공설운동장~미력면 도개마을~복내면 평주~겸백면 내벽마을 왕복
- 종   목   4종목(풀, 하프, 10km, 5km)
- 참가비   3만 원(풀)~1만 원
- 기념품   녹차미인보성쌀 2kg, 녹차비누, 간식, 먹거리(잔치국수, 녹차돼지수육, 두부김치, 막걸리)

53. 제5회 한강서울마라톤대회 (63회 완주)

- 일 시   2013. 6. 6. (목) 08:40
- 장 소   한강시민공원 여의도지구 이벤트광장
- 주 최   한강서울마라톤 조직위원회, 신신제약
- 코 스   여의도~염창교(10km 반환)~신정교(하프 반환)~방화대교
  (풀 반환)~여의도
- 종 목   4종목(풀, 하프, 10km, 5km)
- 참가비   4만 원(풀)~2만3천 원
- 기념품   익스트림 파워트레이닝세트(3종), 간식, 컬러밴드, 순두부

54. 제11회 청원 생명 쌀 대청호 마라톤대회 (64회 완주)

- 일 시   2013. 9. 29. (일) 08:00
- 장 소   충북 청원군 문의면 체육공원
- 주 최   청원생명쌀 대청호마라톤대회 사무국
- 코 스   문의체육공원~노현3거리~청남대(반환)~노현3거리~상대
  1리(반환)~유니온3거리~체육공원
- 종 목   4종목(풀, 하프, 10km, 5km)
- 참가비   3만 원(풀)~1만 원
- 기념품   청원생명쌀 4kg, 간식, 잔치국수

55. 한화와 함께하는 2013 충청마라톤대회 (65회 완주)

- 일 시 2013. 10. 6. (일) 08:00
- 장 소 정부세종청사
- 주 최 대전일보사
- 코 스 정부세종청사~보롬교~미호대교~오송역 왕복
- 종 목 4종목(풀, 하프, 10km, 5km)
- 참가비 2만 원(풀)~1만 원
- 기념품 쌀 1kg, 간식, 먹거리(묵채, 떡, 오이, 막걸리, 두부김치)

56. 제13회 순천 남승룡 마라톤대회 (66회 완주)

- 일 시 2013. 10. 13. (일) 09:00
- 장 소 팔마종합운동장
- 주 최 순천시, 순천 남승룡마라톤대회 조직위원회
- 코 스 팔마종합운동장~강남중앙교회~율산교차로~도룡마을 입구~여수 새고막공장 왕복
- 종 목 5종목(풀, 하프, 10km, 5km, 단체대항전)
- 참가비 3만5천 원(풀)~1만 원
- 기념품 스포츠 백팩, 간식, 먹거리(떡국, 두부김치, 막걸리)

57. 제11회 고창고인돌마라톤대회 (68회 완주)

- 일 시   2013. 11. 17. (일) 10:00
- 장 소   고창공설운동장
- 주 최   고창군 통합체육회
- 코 스   공설운동장~월곡지하도~돌담교~주곡교차로~도산교~도산아름마을~고인돌유적~원평교차로~탑정삼거리~부안면 용산 왕복
- 종 목   5종목(풀코스, 하프, 10km, 5km, 마니아)
- 참가비   3만5천 원(풀)~5천 원
- 기념품   황토배기 쌀(10kg) 또는 복분자주 세트(4병), 먹거리(떡국, 인절미, 막걸리, 두부김치)

58. 2013 전마협 여의도 송년마라톤대회 (70회 완주)

- 일 시   2013. 12. 14. (토) 09:00
- 장 소   서울 여의도 이벤트광장
- 주 최   전국마라톤협회
- 코 스   광장~마포대교~서강대교~당산철교~양화대교~성산대교~가양대교(하프 반환 / 풀 2회 왕복)
- 종 목   4종목(풀코스, 하프, 10km, 5km)
- 참가비   1만5천 원(풀)~1만 원
- 기념품   전마협 티셔츠, 먹거리(떡국, 막걸리)

59. 응답하라 삼천포 사천 신춘 마라톤 축제 (72회 완주)

- 일 시   2014. 2. 16. (일) 10:00
- 장 소   사천시 초전공원
- 주 최   신춘마라톤조직위원회, 사천시육상연합회
- 코 스   초전공원~사천 해안도로 일원~초전공원
- 종 목   5종목(풀코스, 32km, 하프, 10km, 5km)
- 참가비   3만5천 원(풀)~1만5천 원
- 기념품   장갑, 멀티스카프, 비니(선택 기념품 별도), 간식, 먹거리(오뎅국)

60. 만 원 대행복 제11회 토요마라톤대회 (74회 완주)

- 일 시   2014. 8. 30. (토) 08:00
- 장 소   한강시민공원 뚝섬지구 수변 마당
- 주 최   토요마라톤조직위, ㈜스포레인
- 코 스   대회장~구리방향(하프 2회 왕복)
- 종 목   4종목(풀코스, 하프, 10km, 5km)
- 참가비   1만9천 원(풀)~1만 원
- 기념품   멀티스카프, 메달, 간식

61. 제2회 홍천강변마라톤대회 (75회 완주)

- 일 시   2014. 10. 12. (일) 09:00
- 장 소   하이트진로(주) 강원 홍천공장 내 잔디구장
- 주 최   홍천군, 홍천군생활체육회, 홍천군육상연합회
- 코 스   대회장~팔봉리 왕복
- 종 목   4종목(풀코스, 하프, 10km, 5km)
- 참가비   4만 원(풀)~1만5천 원
- 기념품   단호박(찰옥수수), 간식, 먹거리(막걸리, 잔치국수)

62. 2015 머니투데이방송 3·1절 마라톤대회 (77회 완주)

- 일 시   2015. 3. 1. (일) 10:00
- 장 소   잠실종합운동장 주경기장
- 주 최   머니투데이방송
- 코 스   대회장~암사선사유적지(1차 반환)~양재천 중간(2차 반환)~대회장
- 종 목   5종목(풀코스, 31km, 하프, 10km, 5km)/ 미즈노, 매니아
- 참가비   4만 원(풀)~1만 원
- 기념품   트레이닝복 상·하의(미즈노 선글라스), 먹거리(떡국, 포천 막걸리)

63. 가족의 달 마라톤대회 (79회 완주)

- 일   시   2015. 5. 24. (일) 07:00
- 장   소   여의도 이벤트광장
- 주   최   한국마라톤 TV
- 코   스   대회장~안양천 합수부~신정교~도림천~보라매공원 앞 돌다리~도림교 왕복
- 종   목   4종목(풀코스, 하프, 10km, 5km)
- 참가비   3만 원(풀)~2만5천 원
- 기념품   물통, 메달, 간식

64. 제11회 영덕 로하스 해변 전국마라톤대회 (80회 완주)

- 일   시   2015. 7. 12. (일) 09:00
- 장   소   고래불해수욕장
- 주   최   영덕군
- 코   스   대회장~대진항~축산항~축산면사무소~상원리 왕복
- 종   목   4종목(풀코스, 하프, 10km, 5km)
- 참가비   4만 원(풀)~2만5천 원
- 기념품   산양산삼 & 가방, 간식, 먹거리(콩국수, 두부와 김치, 막걸리)

65. 공원사랑 마라톤대회 (82·89·90·91·93·95·99·100회 완주)

- 일 시   2015. 8. 22. (토) 07:00
- 장 소   신도림역 1번 출구(신도림교)
- 주 최   한국마라톤여행기획
- 코 스   신도림교~도림천역(4회 왕복)
- 종 목   4종목(5km, 10km, 하프, 풀코스)
- 참가비   2만5천 원(풀)~1만5천 원
- 기념품   양말, 먹거리(컵라면, 막걸리)

66. 2015 일요신문 이봉주 전국마라톤대회 (86회 완주)

- 일 시   2015. 10. 17. (토) 10:00
- 장 소   뚝섬유원지 수변공원
- 주 관   (주)일요신문
- 코 스   대회장~잠실대교 및 철교, 올림픽대교~천호대교~광진교~구리암사대교(2회 왕복)
- 종 목   5종목(풀코스, 하프, 10km, 5km, 3km)
- 참가비   2만5천 원(풀)~1만5천 원
- 기념품   스포츠 타월, 간식, 먹거리(순두부, 막걸리)

67. 삼척~동해 고속도로 개통기념 2016 희망마라톤대회 (92회 완주)

- 일 시   2016. 9. 4. (일) 09:30
- 장 소   삼척톨게이트
- 주 최   한국도로공사 삼척속초건설사업단
- 코 스   대회장~남삼척 I.C~동해 I.C~대회장(왕복)
- 종 목   5종목(풀코스, 하프, 10km, 5km, 3km)
- 참가비 4만 원(풀)~1만 원
- 기념품 런닝 반바지 or 아식스티셔츠(스포츠시계), 간식, 먹거리(막걸리, 순두부)

68. 2016 손기정 평화마라톤대회 (94회·97회 완주)

- 일 시   2016. 11. 20. (일) 08:30
- 장 소   잠실종합운동장 주경기장
- 주 최   손기정 기념재단(후원 : 손기정 마라톤대회 사무국)
- 코 스   주경기장~구리암사대교(반환)~주경기장~우면교(반환)~주경기장
- 종 목   4종목(풀코스, 하프, 120km, 5km)
- 참가비 4만 원(풀)~2만5천 원
- 기념품 트렉스타 바람막이, 간식, 스포츠음료, 비타민 캔디

69. 서울마라톤 SEOUL Marathon (96회 완주)

- 일 시   2019. 9. 22. (일) 08:00
- 장 소   뚝섬유원지 한강시민공원 수변무대
- 주 최   마라톤타임즈, (주)안중근평화재단 청년아카데미, 서울·경기육상연합회
- 코 스   대회장~중랑천~장안교~한천교~상계교 왕복
- 종 목   5종목(풀코스, 32.195km, 하프, 10km, 5km)
- 참가비   4만 원(풀)~1만5천 원
- 기념품   윈드자켓, 간식

70. 이봉주와 함께 달리는 제5회 KOREA 마스터즈 마라톤 최강전 (98회 완주)

- 일 시   2019. 12. 8. (일) 09:00
- 장 소   잠실종합운동장 주경기장
- 주 최   전국마라톤협회 서울지사, 월드런(world run), 삼익전자(주), 마라톤유황크림, 전마협 페이싱팀
- 코 스   대회장~천호대교~고덕(1차 반환)~잠실대교~탄천~양재천~생태공원 3거리~가락1동~율현동(2차 반환)~대회장
- 종 목   4종목(풀코스, 하프, 10km, 5km)
- 참가비   4만5천 원(풀)~1만5천 원

|에필로그|

풀코스 100회 완주기록

횟수	대회명	기록	일시	비고
1	제2회 김제지평선마라톤대회	04:25:57.52	2003.9.28.	
2	2004 서울국제마라톤대회 겸 동아마라톤대회	04:04:17	2004.3.14.	
3	제2회 하이서울마라톤대회	03:46:55	2004.10.3.	
4	제6회 경향신문마라톤대회	04:11:20	2006.4.16.	
5	제8회 경인일보남한강마라톤대회	04:57:32.72	2006.6.4.	
6	제4회 하이서울마라톤대회	04:53:30	2006.10.1.	
7	2006 조선일보춘천마라톤대회	05:22:55	2006.10.29.	
8	2007 동아일보서울마라톤대회	03:50:00	2007.3.18.	
9	제7회 경향신문서울마라톤대회	04:16:25	2007.4.15.	
10	제12회 바다의날마라톤대회	04:48:55	2007.6.2.	
11	2007 진고개대관령울트라마라톤대회	14:28:00	2007.7.15.	울트라
12	제7회 독도지키기 울릉도오징어마라톤대회	–	2007.8.26.	실패

횟수	대회명	기록	일시	비고
12	제4회 철원DMZ국제평화마라톤대회	04:47:53.39	2007.9.16.	
13	2007 국제평화기원마라톤축제	04:34:15	2007.10.3.	
14	2007 조선일보춘천마라톤대회	04:34:44	2007.10.28.	
15	2007 중앙일보서울마라톤대회	04:10:55	2007.11.4.	
16	2008 새해 첫날마라톤대회	04:38:27	2008.1.1.	
17	제5회 한강 동계풀코스마라톤대회	04:45:54	2008.2.3.	
18	제11회 서울마라톤대회	04:24:58	2008.3.2.	
19	제112회 보스턴마라톤대회	04:17:50	2008.4.21.	
20	제4회 HCN충북방송충주마라톤대회	04:06:21	2008.5.18.	
21	평화통일기원 제7회 화천비목마라톤대회	04:42:41	2008.6.8.	
22	한가위맞이 제5회 남산우정마라톤대회	04:41:51.58	2008.9.13.	
23	2008 경기평화통일마라톤대회	04:45:48	2008.9.27.	

횟수	대회명	기록	일시	비고
24	동아일보 2008 경주국제마라톤대회	04:45:14	2008.10.19.	
25	2008 중앙서울마라톤대회	03:59;10	2008.11.2.	
26	제7회 경기마라톤	04:42:16.16	2009.4.19.	
27	2009 한반도평화국제마라톤대회	03:52:39	2009.5.10.	
28	2011 대구세계육상선수권대회 성공 기원 금호강마라톤대회	04:43:31	2009.6.27.	
29	서울~춘천간 고속도로 개통기념 2009 춘천마라톤대회	04:04:00.23	2009.7.12.	
30	2009 삼척 황영조 국제마라톤대회- 바르셀로나 올림픽 제패기념 삼척비치 마라톤대회	03:54:15	2009.8.2.	
31	8.15 광복절 기념 포항 오천해병대 한마음혹서기 마라톤대회	04:02:07	2009.8.15.	
32	동아일보 2009 경주국제마라톤대회	03:58:17	2009.10.18.	
33	제3회 호미곶온천마라톤대회	04:37:51	2009.11.8.	
34	제7회 스포츠서울마라톤대회	04:10:37.39	2009.11.15.	
35	제9회 이순신장군배 통영전국마라톤대회	04:19:57.87	2009.12.6.	

횟수	대회명	기록	일시	비고
36	2012 세계박람회 성공 개최 기원 제5회 여수국제마라톤대회	03:40:26	2010.1.10.	
37	보라매공원 마라톤대회	03:59:48	2010.1.24.	
38	제8회 해남땅끝마라톤대회	04:01:37	2010.2.7.	
39	2010 MBC섬진강꽃길마라톤대회	03:43:26	2010.2.28.	
40	2010~2012 한국방문의 해 기념 한강관광마라톤대회	04:12:46	2010.3.14.	
41	2010 안동 낙동강변 전국마라톤대회	03:48:14	2010.3.28.	
42	2010 대국국제마라톤대회	03:29:22	2010.4.11.	최고 기록
43	제24회 중국 대련국제마톤대회	03:37:33	2010.4.18.	
44	제11회 인천국제마라톤대회	03:57:01.11	2011.3.27.	
45	제8회 춘천호반마라톤대회	04:49:36	2011.4.27.	
46	스포츠파크 준공기념 2011 거제마라톤대회	04:39:14.39	2011.5.15.	
47	경인 아라뱃길 개장기념 마라톤대회	04:07:52.94	2012.10.9.	

횟수	대회명	기록	일시	비고
48	2012 환경마라톤대회	04:19:06.66	2012.3.24.	
49	제10회 LIG KOREA OPEN MARATHON	04:23:15	2012.4.1.	
50	제10회 경기마라톤대회	-	2012.4.15.	실패
50	2012 여수세계박람회 성공기원 제17회 바다의 날 기념 마라톤대회	04:24:20.75	2012.6.1.	
51	제6회 2012 HOT summer 혹서기 마라톤대회	04:41:31	2012.7.8.	
52	제11회 국제관광 서울마라톤대회	04:25:03.13	2012.9.2.	
53	2012 안산 바닷길 환경마라톤대회	03:50:03	2012.9.16.	
54	제14회 문화일보 파주통일 마라톤대회	04:16:44	2012.10.7.	
55	2012 조선일보춘천마라톤대회	04:01:29	2012.10.28.	
56	2012 중앙일보서울마라톤대회	03:58:59	2012.11.4.	
57	2012 결식아동 돕기 제8회 국민건강 마라톤대회	04:11:16.15	2012.12.1.	
58	제8회 세계4대 미항 여수 마라톤대회	04:07:06.71	2013.1.6.	

횟수	대회명	기록	일시	비고
59	제9회 아! 고구려 역사지키기 마라톤대회	04:29:56	2013.2.17.	
60	2013 서울국제마라톤대회 겸 제84회 동아마라톤대회	03:57:06	2013.3.17.	
61	제10회 대전 3대하천 마라톤대회	04:20:22.49	2013.4.21.	
62	제9회 보성녹차마라톤대회	04:17:38.05	2013.5.19.	
63	제5회 한강서울마라톤대회	04:43:01.10	2013.6.6.	
64	제11회 청원 생명 쌀 대청호 마라톤대회	04:11:06.14	2013.9.29.	
65	한화와 함께하는 2013 충청마라톤대회	04:27:51.06	2013.10.6.	
66	제13회 순천 남승룡 마라톤대회	03:55:18.69	2013.10.13	
67	2013 중앙서울마라톤대회	03:38:22	2013.11.3.	
68	제11회 고창고인돌마라톤대회	03:57:10.22	2013.11.17.	
69	2013 남원 춘향 전국마라톤대회	03:49:26.05	2013.11.24.	
70	2013 전마협 여의도 송년 마라톤대회	03:50:39.82	2013.12.14.	

횟수	대회명	기록	일시	비고
71	제9회 여수마라톤대회	04:07:29.82	2014.1.5.	
72	응답하라 삼천포 사천 신춘 마라톤 축제	04:06:43.84	2014.2.16.	
73	2014 서울국제마라톤대회 겸 제 85회 동아마라톤대회	03:52:10	2014.3.16.	
74	만원 대행복 제11회 토요마라톤	04:51:03	2014.8.30.	
75	제2회 홍천강변마라톤대회	04:50:57.40	2014.10.12.	
76	제11회 아! 고구려 역사 지키기 마라톤대회	05:12:25	2014.2.15.	
77	2015 머니투데이방송 3.1절마라톤대회	04:19:22.30	2015.3.1.	
78	제21회 삼척 황영조 국제마라톤대회	04:39:09.26	2015.4.25.	
79	가족의 달 마라톤대회	04:55:55.25	2015.5.24.	
80	제11회 영덕 로하스 해변 전국마라톤대회	04:32:33.86	2015.7.12.	
81	HOT Summer 혹서기마라톤 겸 광복 70주년 기념 제8회 8.15 안중근 평화마라톤대회	04:57:28	2015.8.15.	
82	공원사랑 마라톤대회	04:27:38	2015.8.22.	

횟수	대회명	기록	일시	비고
83	행복4강 금호강마라톤대회	04:26:52	2015.8.29.	
84	제14회 국제관광서울마라톤대회	04:23:32.27	2015.9.6.	
85	추석마라톤대회	04:45:25	2015.9.26.	
86	2015 일요신문 이봉주 전국마라톤대회	04:49:43.16	2015.10.17.	
87	서울국제마라톤대회 겸 제87회 동아마라톤	04:48:12	2016.3.20.	
88	제22회 삼척 황영조 국제마라톤대회	04:25:51.22	2016.4.24.	
89	공원사랑 마라톤대회	05:05:42	2016.8.6.	
90	공원사랑 마라톤대회	05:36:17	2016.8.7.	최하기록
91	공원사랑 마라톤대회	04:57:24	2016.8.28.	
92	삼척~동해 고속도로 개통기념 2016 희망마라톤대회	05:19:52.82	2016.9.4.	
93	공원사랑 마라톤대회	04:26:21	2016.11.19.	
94	2016 손기정 평화마라톤대회	05:14:25.28	2016.11.20.	

횟수	대회명	기록	일시	비고
95	공원사랑 마라톤대회	05:19:29.23	2019.8.15.	
96	서울마라톤 (SEOUL Marathon)	05:12:50.99	2019.9.22.	
97	2019 손기정 평화마라톤대회	04:40:45.65	2019.11.17.	
98	이봉주와 함께 달리는 제5회 KOREA 마스터즈 마라톤 최강전	04:35:32.94	2019.12.8.	
99	공원사랑 마라톤대회	05:05:25.18	2021.5.22.	
100	공원사랑 마라톤대회	05:05:50	2021.10.10.